国家自然科学基金青年项目（51708351）
教育部人文社会科学青年基金（17YJCZH165）

历史城镇真实性感知与保护利用

王 婧 著

中国建筑工业出版社

图书在版编目（CIP）数据

历史城镇真实性感知与保护利用 / 王婧著. —北京：中国建筑工业出版社，2020.6
 ISBN 978-7-112-24937-4

Ⅰ.①历⋯ Ⅱ.①王⋯ Ⅲ.①古城–旅游资源开发–研究 Ⅳ.①F590.31

中国版本图书馆CIP数据核字（2020）第037632号

责任编辑：杜　洁　刘爱灵
责任校对：赵　菲

历史城镇真实性感知与保护利用
王　婧　著

*

中国建筑工业出版社出版、发行（北京海淀三里河路9号）
各地新华书店、建筑书店经销
北京科地亚盟图文设计有限公司制版
北京建筑工业印刷厂印刷

*

开本：787×1092毫米　1/16　印张：10　字数：192千字
2020年6月第一版　　2020年6月第一次印刷
定价：**49.00**元
ISBN 978-7-112-24937-4
　　　（35683）

版权所有　翻印必究
如有印装质量问题，可寄本社退换
（邮政编码100037）

前言

"真实性"是文化遗产保护和可持续发展的核心问题。长期以来,对文化遗产的真实性研究多从专家及保护视角来认识,而对遗产访问者以何种方式、何种程度体验和影响遗产的关注不够。从持续发展的视角来看,遗产"价值阐释和公众沟通"正是遗产保护和再利用的关键所在,这需要遗产保护界和旅游界两个学科在实践领域的合作,从而将文化遗产单向的价值认知转向双向互动的价值沟通,亦为文化遗产历史和当代的对话搭建起桥梁。

"活化"是历史城镇可持续利用的重要途径,把握利用的"度"是其焦点问题。当前古镇旅游中存在着拆真造假和产品庸俗化等发展误区,源于未能充分认识遗产真实价值在主客体之间的阐释和传递的过程,因此,需要对主客互动真实性进行清晰测度并探明其发生机制,以此找到文化遗产保护和利用的平衡点。居民是历史城镇的生活主体和历史文化的活态载体,游客则是最主要的访问者群体,因而研究从居民、游客的真实性感知角度切入探讨其发生机制及差异性,构建遗产价值认识的多维性、多层次性、多要素性的概念模型,同时评价、判断当前历史城镇旅游发展的误区,指出遗产保护利用的方向,建立遗产资源持续利用的逻辑体系,深化和拓展遗产保护和利用的理论研究。

本书以上海历史城镇南翔为研究样区,选取居民、游客两个互动共生群体为主体对象,借鉴隐喻抽取技术(ZMET)和结构方程模型(SEM)进行质性和量化的整合性研究。研究从心理层面探测主体真实性感知的共识地图及主客之间相互作用的中介沟通变量,构建主客互动真实性的关系模型以明晰其形成机制、影响因素和现实中的表现形态,从而对遗产保护利用中的策略提出衡量标准和操作尺度。研究揭示了历史城镇真实性感知的主体差异性、感知多元性及时空动态变化性,而不仅是单一的物质空间视觉认知模式,并把主体真实性感知的繁杂现象归类为4个象限,用"真实/虚假"矩阵来形象描述4个象限的内涵、特征、形成机制和呈现方式。从理论上解释遗产地旅游等利用行为对遗产地价值阐释的利弊,建议在遗产地不同保护分区中应采取不同的利用方式来展示遗产内涵和价值,在保护遗产的同时回应不同类型、层次的访问者需求。

最后,研究指出在保护历史城镇遗产客体真实性前提下,应充分挖掘文化的多元载体,通过传承、创意手段创造丰富多样的体验景观,在空间规划、活动策划、信息传播等多个方面提出操作方法和调控尺度,同时实现居民和游客多元化的真实性感知;未来要实现历史城镇的可持续保护利用,需建构和拓展其空间链、产业链、价值链、文化链,建立起极具地域文化特征的遗产地域综合体,促进地方文化和经济发展。

本书受到国家自然科学基金青年项目(51708351)、教育部人文社会科学青年基金(17YJCZH165)的资助,在此表示真诚的感谢。

目 录

前言

第1章 总论	1.1 研究背景	2
	1.2 相关研究综述	3
	1.3 研究意义	4
	1.4 研究内容	5
	1.5 研究方法	6
	1.6 研究框架及技术路线	8
	1.7 研究创新点	11

第2章 真实性感知理论及测量方法	2.1 相关概念界定	14
	2.2 真实性的含义	21
	2.3 真实性感知理论框架	25
	2.4 真实性感知测量方法	31
	2.5 本章小结	39

第3章 基于ZMET技术的居民真实性感知研究	3.1 居民真实性感知研究进展	42
	3.2 研究设计与原理	43
	3.3 居民调研数据分析	48
	3.4 共识地图建立	57
	3.5 本章小结	63

第4章 基于SEM的游客真实性感知测量	4.1 游客真实性感知模型回顾	66
	4.2 概念模型与变量选取	70
	4.3 游客数据收集与分析	74
	4.4 模型分析与检验	76
	4.5 本章小结	85

第5章	居民-游客互动真实性感知发生机制	5.1 真实性感知发生机制	88
		5.2 真实性感知矩阵	93
		5.3 四种真实性的呈现	96
		5.4 本章小结	100

第6章	真实性感知与历史城镇保护利用	6.1 基于价值认识的物质空间规划	102
		6.2 基于文化体验的活动事件策划	115
		6.3 基于公众沟通的信息阐释与展示	122
		6.4 发展遗产地域综合体	129
		6.5 本章小结	134

第7章	结论	7.1 居民-游客真实性感知的多维机制	138
		7.2 历史城镇多维时空保护利用策略	138

第1章　总论

1.1 研究背景

当前,在"遗产活化"的文物保护和利用思想下,许多地区都将"文化旅游"作为兴城发展路径的关键,遗产保护和旅游利用之间的关系越来越密切,如何把握遗产持续利用的"度"成为化解"保护-利用"之间矛盾的焦点。本质上讲,遗产保护是对"遗产价值"的保护,遗产的核心价值在于其"遗产信息"的"真实性",而遗产旅游则是对"遗产信息"的"真实体验"。2011年国际古迹遗址理事会(International Counsil on Monuments and Sites,ICOMOS)《巴黎宣言》明确指出:"……遗产的可持续旅游需要基于详实的研究和记录,将真实性作为中心平台,提高阐释和沟通策略,避免超现实旅游对遗产价值的永久影响。"2014年《奈良文件+20》又在20年前《奈良文件》的基础上对真实性的探讨增加了纵向维度上的思考,呼吁"将遗产价值的认知及其真实性的判定放在一个能够容纳人们认知和观点变化的周期性审视之中,而非建立在一个孤立的评判程序上"(徐桐,2014)。可见,"真实性"正是遗产旅游可持续发展的核心问题,对它的关注已经从客体的"单向真实"转向通过"阐释和沟通""容纳人们认知"的主客互动视角,因此本书着眼于主体对遗产客体的真实性感知内在生成机制的探究,是保护和持续利用遗产的基本问题及理论基石。

在众多文化遗产类型中,历史城镇及历史街区被称为"活态遗产",这些遗产依旧是当地人生活的一部分,游客、居民在同一地域内互动共生,而围绕保护和旅游展开的真实性问题也最为突出。主要表现在:一是过于追求经济快速发展,将历史街区涂脂抹粉,不顾历史的真实性把带有丰富历史痕迹的城镇改扮成所谓的某个朝代的商业街,只看到了文化遗产的经济价值,忽视了遗产真实性的保护传承和使用者的真实性感知;二是花费了很多人力和财力,致力于修缮历史建筑,但原住民却被迁到别处,入驻的是西餐厅、奢侈品店、酒吧等,景区被精英化,忽略原住居民所承载的连续性的文化生态和他们对地方的真实生活情感、对历史城镇的原真文化传承带来不利。

历史城镇正因为是仍然被使用的活的遗产,在保护和利用过程中,会引发诸多矛盾和现实问题:遗产地商业化是否会损害遗产的真实性的问题;遗产地游客容量过大导致的超负荷接待的问题;在遗产地造假古董或开发过于庸俗化的文化产品等问题。本书尝试从居民对生活着的历史城镇的真实性感知和游客游览古镇后的真实性体验的双视角,层层探索真实性在文化遗产保护和发展中的显性和隐性作用,对现实纷争的问题试予以回应。

遗产的真实性和访问者主体的真实体验其实是不矛盾的，可以协调发展，正如《巴黎宣言》(2011)所指出的，关键在于两者之间如何"阐释和沟通"。以往研究中，两者分别在遗产和旅游两个领域进行探索，导致对话沟通不够。因此，本书致力于"主体真实性感知"的理论、测量方法、发生规律的发掘，进而在建立科学认识的基础上，为历史城镇的保护和发展提供策略依据。

1.2 相关研究综述

在遗产保护的意义上，"真实性"（authenticity）指的是历史信息的动态累计、叠加的过程，是遗产所能表达的历史信息的真实可信，也是遗产突出普遍价值的体现和遗产工程修复的准则。文化遗产领域对于真实性的关注从欧洲的建筑遗产保护开始，后经发展在1964年《威尼斯宪章》中以"真实性"为核心构建了文化遗产保护的概念框架（ICOMOS, 1964）；1994年《奈良文件》更强调了不同文化背景下，对真实性的理解和诠释具有多样性；《保护世界文化和自然遗产公约》又吸纳其思想，将真实性的评判标准拓展至"材料、设计、技术、工艺、环境"等多个方面（UNESCO, 1994, 2005）；《北京文件》（2007）基于中国建筑特征对真实性进行进一步理解。半个世纪以来，遗产领域研究者试图厘清遗产保护中真实性概念的内涵和真正意义，并借以指导文化遗产相关的实践活动（卢永毅, 2006; Gregory, 2008; 张成渝, 2010; 吕舟, 2015）；尤其在历史城镇保护和更新中，提出风貌保护是真实性延续的基础，功能保全是真实性延续的载体，居民保有是真实性延续的主体（夏健，王勇, 2010）；应减少大规模历史街区重置现象，提倡基于原住居民的生活需求的、循序渐进的改造策略（张松, 2008）。

不同于客体真实性的研究集中在遗产保护和规划领域，对于主体真实性感知的研究主要集中于旅游社会学领域。真实性感知（perceived authenticity），其本质是讲体验的真实，这种真实性没有客观的统一标准，既因人、因时而异，又是多维度体验的集合，也有研究将其译为本真性（王宁, 2007）、原真性感知（林涛，胡佳凌, 2013）。国际旅游学界自20世纪60年代以来关于旅游真实性的探索经历了"客观主义真实性 - 建构主义真实性 - 后现代主义真实性 - 存在主义真实性"的理论变迁过程（MacCannell, 1976; Cohen, 1988; Wang, 1999）。以往学者对历史城镇真实性感知的研究多是探索其影响因素，包括居住地、年龄、教育水平、社会地位、个人经历、参与度、旅游动机、经济因素和文化认同等因素（Waller，1998；Waitt，2000；Chhabra，2003），而对于感知构成维度和生成过程的探究相对缺乏，这方面的研究主要有：从符号学角度，将真实性感知分为图标真实和索引真实（Grayson & Martinec，2004）；从系统学角度，将真实性感知划分出古建筑真实感、生活文化真实感及饮食要素、游览接待要素等感知维度（Kolar & Zabkar，2010；胡旺盛等，2014）。另外，在历史城镇真实性感知的主体方面以游客研究居多，对居民真实性感知的关注及游客和居民的互动性研究相对较少（高燕，郑焱，2010；Zhou，Zhang & Johan，2013）。

综上，在历史城镇真实性感知研究方面有着理论、方法和内容上的不足。（1）理论上，已有研究从符号学、系统学角度来探索，很难真正深入探测到感知的潜意识思维层面，本书尝试从社会心理学中引入隐喻抽取技术（Zaltman metaphor elicitation technique，ZMET），能有效地对主体感知的组成维度及生成过程进行剖析，突破以往研究无法揭示感知心理发生过程的瓶颈；（2）方法上，研究目前主要运用访谈、回归分析、文本分析等，有待进一步向模型技术方向推进，课题拟采用测量、分析整合为一的结构方程模型技术（structural equation modeling，SEM），并将 ZMET 和 SEM 方法进行质性和量化的整合性研究，探求真实性感知的内在过程机制；（3）内容上，历史城镇的真实性感知研究不能忽略社区居民的感受，游客是遗产地短暂的访问者，而居民是当地生活真实的主体。介于此，本书将借鉴 ZEMT 和 SEM 的研究方法，针对游客和居民两个共生互动的主体，选取上海历史城镇为案例区域，探索主体真实性感知的多维构成及相互作用机制，有望推进遗产保护的基础理论研究，并指明遗产保护和持续利用的策略方向。

1.3 研究意义

（1）理论意义

本研究的理论意义着重体现在：对游客和居民的互动真实性感知"多个维度"的发掘和内在发生机制的揭示，将拓展历史城镇保护和旅游利用的传统理论观念和策略形态；研究建构"居民-游客互动真实性感知模型"将对遗产科学和旅游体验的基础理论有重要价值。

（2）现实意义

本研究的现实意义主要表现在：通过研究主体真实性感知在遗产保护利用过程中的作用机理，明晰居民、游客不同主体的真实性诉求，进一步探索"多维度"的真实性感知在遗产地发展时空中的各自呈现方式,由此为历史城镇物质空间规划、非物质文化传承及展示、遗产管理等方面提供科学依据。

1.4 研究内容

（1）居民真实性感知构念分类及抽取

社区居民是历史城镇遗产地的生活主体,也是真实的历史文化信息的活态载体,本研究引入隐喻抽取技术（ZMET）,剖析社区居民对其生活的历史城镇真实性的感知和认识。针对历史城镇居民进行真实性感知图像和引申构念的收集、分类及抽取,通过制作居民真实性感知"共识地图",揭示居民对于地方真实性感知在起始构念、连接构念和终结构念几个方面的构成内容及呈现方式,探讨居民对文化遗产发展过程中的修缮、修复、重建等遗产管护方式的态度。

（2）游客真实性感知关键性过程识别

游客是遗产地的访问者,是感知遗产的主要群体之一,本书在以往关于游客真实性感知内容及影响因素的研究基础上,通过结构方程模型（SEM）试构建"游客真实性感知"模型。开发游客真实性感知量表,以上海历史城镇南翔镇为实证研究对象,测度游客真实性感知中的各个潜变量,运用测量模型的验证性因子分析和结构模型路径分析,识别各指标变量对真实性感知潜变量的解释程度,以期得到游客真实性感知的关键构成要素。这一过程有赖于遗产真实信息的传递、带有历史内涵的体验活动的激发以及场所和个体关系的营建和活化。

（3）互动真实性感知生成机制发掘

居民、游客感知的起始都是基于客体的真实性感知（object-based）,终点都是基于自我主体的真实性感知（subject-based）,不同之处在于居民的感知是基于历史本身及其演进过程。游客的感知则是一定时间内对于历史遗产符号意义上的解码,所以游客和居民真实性感知的结果其实是主体分别在同一场所内、一定持续性时间中,对"后台"客体真实和"前台"舞台真实的感官、情感和文化体验的叠加,这为"互动真实性感知"生成机制的建立提供了理论基础。在此基础上,本书将基于 ZMET 和 SEM 进行整合性研究,对居民和游客的感知构成进行细化,拟构建互动关系模型。

（4）历史城镇保护利用对策及实现途径

本研究对"居民-游客"真实性感知的测度，旨在为历史城镇的保护发展提供策略依据。历史城镇遗产的体验主体的感知是多维度、多要素的集合，故遗产地的发展亦是多维时空的发展模式。为此，本研究拟抓取"真实性感知"模型中的关键要素，结合"真实/虚假"四分矩阵的立体思维，探求各要素在"真实/虚假"维度上的呈现方式，厘清真实性在历史城镇的物质空间、活动事件、遗产信息等多个文化载体上的表现形式，进而为历史城镇的保护及利用提供相应的手段和策略。

1.5 研究方法

在本研究中，主要采用了以下研究方法（见表1-1）：

（1）文献分析法（literature analysis）

文献分析法主要指搜集、鉴别、整理文献，并通过对文献的研究，形成对事实科学认识的方法。在研究的初期阶段，主要运用的是文献分析法这一有效的信息收集方法，通过对国内外与文化遗产真实性相关的文献进行系统性分析，梳理出历史发展脉络、目前进展状况、理论和方法的趋向、预测和建议，提出已有研究有待改进之处并确立本研究的立足点。

（2）案例研究法（case study）

案例研究可以是单案例研究，也可以是多案例研究，可以是定性的，也可以是定量的；也可分为探索性、描述性和解释性3种研究方法（Yin, 2003）。本文采用的是单案例研究法，先前学者对上海南翔镇的观察和研究较少，因此作为启示性案例（revelatory case）具有深入研究的价值。本书通过对历史城镇的保护发展中的案例研究，描述当地居民的感知现象，同时解释遗产地外来访问者的真实性感知是如何发生的。

（3）参与观察法（participant observation）

参与观察法，是社会研究的一种重要方法，指研究者深入到研究对象的生活背景中，在实际参与研究对象日常社会生活的过程中所进行的观察。此方法贯穿于本研究的整个进程，深入上海南翔古镇居民的生活，参与日常及节庆活动。

（4）问卷调查法（questionnaire survey）

问卷调查法也称问卷法，调查者通过结构化问卷或者半结构化问卷的方式，请被试群体填写，从而了解观察对象的情况并获取研究结论的社会调查方法。在本研究中,将游客真实性感知量表编制成结构化问题表格,以现场问答方式填写,从而研究分析被试群体的旅游体验。

(5)隐喻抽取法(Zaltman metaphor elicitation technique)

隐喻抽取法是一种质性研究方法,通过主体潜意识层面的探测,以视觉隐喻和想象为依据,引导被调查者呈现不同思维层面上的感性与理性"意义",进而探求感知和体验的"本质"(Zaltman, 1997)。在本研究中,运用隐喻抽取技术结合攀梯术(laddering)和深度访谈,来获得、整理和抽取居民真实性感知的文本数据;运用 Nvivo 软件进行构念间相互影响关系的分析及真实性感知"共识地图"的研究。

(6)结构方程模型(structural equation modeling)

结构方程模型是一种建立、估计和检验因果关系模型的方法。模型中既包含可观测的变量,也包含无法直接观测的潜变量,模型可清晰分析单项指标的作用和单项指标间的相互关系(Anderson & Gerbing, 1988)。本研究采用结构方程模型法,建模和验证游客真实性感知的过程维度和中介变量;运用 SPSS 统计软件处理真实性感知测量数据,主要采用因子分析法进行要素识别和筛选;再运用 AMOS 软件进行模型检验、拟合、修正和优化。

(7)比较研究法(comparative approach)

比较研究法是社会科学重要的研究方法,是认识事物的基础,是认识、区别和确定事物异同关系时最常用的思维方法,比较研究的步骤一般可分为 5 步:确定比较的问题、比较的标准、整理资料、比较分析及结论。本研究中,居民和游客真实性感知的整合研究及互动感知机制的推演中,采用了比较研究的方法。

(8)综合分析法(comprehensive analysis)

综合分析法是把剖析过的事物和现象的各个部分及其特征,结合为一个整体概念的分析方法。本研究的最后,采用综合分析的方法,将居民、游客的真实性感知关键要素和作用机制结合为一个整体的概念框架,并且基于这个框架探讨文化遗产保护发展过程,剖析遗产真实性的保护和真实性感知营造的两极平衡性,提出遗产地保护和利用策略。

采用的研究方法一览表　　　　　　　　　　　　　　表1-1

研究方法	工作内容	优缺点
文献分析法 (literature analysis)	通过对国内外与真实性相关的现有文献进行系统性地分析,梳理研究的主要历史发展、目前进展状况、理论和方法的趋势,找到立论依据	其优势在于研究的系统性,但属于非接触型研究方法,需要注意有时候容易混淆作者观点,避免主观臆断

续表

研究方法	工作内容	优缺点
案例研究法 （case study）	案例研究既有定性的也有定量的研究，根据数据材料类型特征不同，居民提供定性数据材料，从个人角度描述真实性感知；游客提供定量的材料，解释感知是怎么样发生的	描述性案例的关键是要定义适当的描述方法，解释性案例则需生成建构性解释；单案例需要对可能性进行估计，提高案例的说服力
参与观察法 （participant observation）	观察游客在遗产地游览时的外在表现和态度；通过深入体验当地居民生活，参与旅游节庆等多种形式采集数据	仅通过观察，不会对受试群体产生负面影响，但判断可能会有较大误差；如果参与其中会获得一手资料，不过被居民拒绝的可能性比较大
问卷调查法 （questionnaire survey）	获取与游客真实性感知相关的数据资料，为建模分析做准备，包括不同地点不同时段的调研数据	直观、易于统计、容易回答；但问卷的设计掺杂了研究者的主观态度
隐喻抽取法 （ZMET）	以图像为隐喻，结合攀梯术进行深度访谈和分析，以获取居民真实性感知的文本数据，分析研究共识地图	优势在于探测到对象的潜意识层面；但对前期的准备工作、样本的选取及分析技术要求相对较高
结构方程模型 （SEM）	构建游客真实性感知过程模型，进行验证性因子分析和结构模型分析（路径分析）	优势是可同时估计因子结构和因子关系，并估计整个模型的拟合程度，从而提高科学性；但概念模型及指标必须严格依文献和经验理性假设
比较研究法 （comparative approach）	通过质性和量化的研究方法对游客、居民的真实性感知系统进行剖析后，运用比较研究进行居民和游客的真实性感知的对比、整合和推衍，得出互动感知发生机制	优点在于寻找其异同，探求事物普遍规律与特殊规律，但需要注意比较的对象差异和结论的平衡性
综合分析法 （comprehensive analysis）	基于居民游客真实性感知概念框架，探讨居民、游客真实性的感知矩阵呈现方式及两极平衡性，提出文化遗产保护利用策略	对于已有研究成果进行总结、整合分析，层次分明，具有综合性，但缺点在于没有在实践中验证其成效

除此之外，在整个研究过程中，每个环节均应注意考虑研究的伦理问题，包括征得有关管理部门同意在历史城镇的特定场地发放问卷；征得游客同意，填写问卷；征得社区同意，进行访谈；保护个人隐私，保证分析后的成果允许被公开。

1.6 研究框架及技术路线

本研究的整体工作框架可以用下图进行表述，包括各个部分的研究内容及相对应的主要研究方法，总的来看分为3个部分：研究背景、实证研究和策略研究（如图1-1）。研究背景包括真实性感知理论及测量方法研究。实证研究包括居民真实性感知构成和游客真实性感知测量。策略研究包括居民-游客真实性感知生成机制及历史城镇保护利用和旅游调控策略。

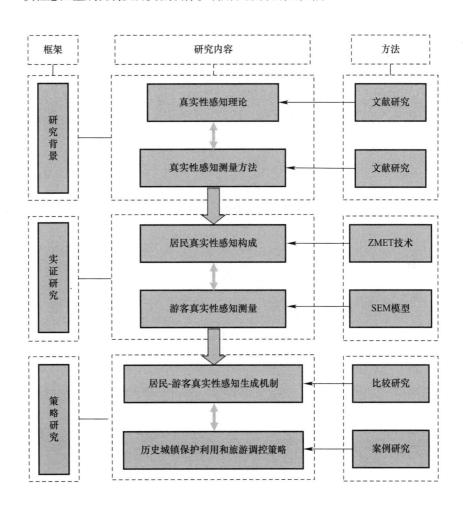

图1-1　总体研究框架

（1）基于ZMET的居民真实性"共识地图"研究

研究内容一，"居民真实性感知构念分类及抽取"的具体技术路线（如图1-2）：

首先，请相关文物保护部门协助确定历史城镇案例地的社区居民的样本；根据隐喻抽取技术（ZMET）的操作方法寻求受访者认为能够代表该案例地真实性的图片，作为视觉隐喻；其次，记录受访者口述的选择图片的原因，对图片依据自我认知进行分类，在此基础上，研究者运用攀梯术（laddering）进行深度访谈，引导受访者说出视觉隐喻背后隐藏的构念，进而呈现居民的心智地图（mental map），发掘对待真实性的深层想法和价值观；接下来，用Nvivo软件进行构念的编码抽取，建立相互关系；最后，形成居民真实性感知"共识地图"（consensus map）。

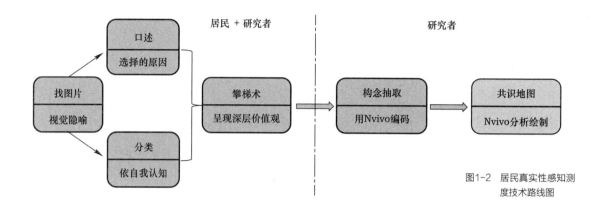

图1-2 居民真实性感知测度技术路线图

（2）基于SEM的游客真实性"中介模型"假设和检验

研究内容二，"游客真实性感知关键性过程识别"的技术路线（如图1-3）：

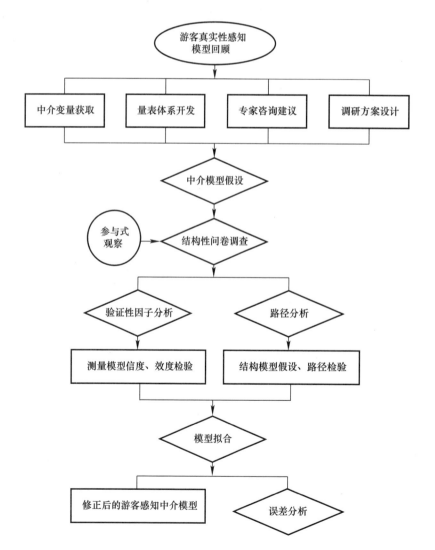

图1-3 游客真实性感知测度技术路线图

首先，基于结构方程建模（SEM）的要求，在大量文献研究中进行游客真实性感知模型的全面回顾，重点着眼于感知中介变量的获取。其次，通过模型回顾，获取本研究的真实性感知中介变量，进行量表体系的开发，并请相关专家进行中英互译，将人为因素造成的误差降到最低，在此基础上形成基本的游客感知调研设计方案。接下来，选取上海典型的居民和游客共生的历史城镇南翔镇进行实地调研，选择节假日和非节假日两种时段以保证数据的完整性。在进行结构性问卷调研的同时，辅以参与式观察，将游客的语言表述和行为变化记录下来。数据收集完成后，运用 SPSS 进行验证性因子分析，针对测量模型的信度、效度进行检验；再采用 AMOS 软件实现结构模型的路径分析和模型拟合。最后，对感知中介模型进行误差分析和模型修正，从而得出含有关键性"中介变量"的游客真实性感知模型及其指标因子。

（3）居民游客互动真实性"关系模型"构建及优化

研究内容三，"互动真实性感知生成机制"发掘的技术路线：

在前两部分研究成果的基础上，本书尝试了基于 ZMET 和 SEM 测度方法的整合性研究。通过游客、居民两个感知主体在"客体真实"与"舞台真实"的共同投射，将两者的指标因子进行细化，建立起"游客-居民"互动真实性关系模型。重点研究居民在"真实性感知"过程中如何建立遗产"历史真实"、文化经济"发展真实"及地方"生活真实"之间的平衡性；识别游客在"述行真实性"环节如何实现遗产与个体的相互作用。

（4）真实性四分矩阵及历史城镇保护利用对策

研究内容四，"历史城镇保护利用对策及实现途径"的研究思路：

首先，针对互动真实性进行"真实/虚假"四分矩阵的解剖，包括"真实-真实""真实-虚假""虚假-真实""虚假-虚假"4个维度，探讨各个象限的内涵、特征、表现形式，真实性不同程度的组合则对应不同的遗产保护利用手段和现象。其次，在明晰真实性主客作用机制的基础上进一步通过物质空间规划、活动事件策划、信息阐释和展示等方面来研究历史城镇保护利用的策略和管控途径。

1.7 研究创新点

本书在理论、方法、应用上的特色和创新体现在以下几方面：

（1）揭示历史城镇主、客体之间真实性的呈现规律

不同于以往单个群体、单向真实性感知的研究，本书试图揭示主客互动真实性的内在生成过程机制，深入挖掘"真实性"在不同主体间、主客体间互动过程中的价值传递和作用方式；不仅从"真"的角度研究真实，还从"虚假/真实"的多维矩阵来探索现实中历史城镇遗产客体和主体之间真实性的呈现方式和多元载体，是对遗产保护基础理论的拓展。

（2）突破了 ZMET 和 SEM 的整合性研究方法

本研究恰当地引入了更契合研究问题的隐喻抽取技术（ZMET），抽取居民真实性感知的多个层次的构念，可探求到不易观察的潜意识层面；并借鉴结构方程建模（SEM），突破真实性感知测量与分析难以整合的瓶颈，科学有效地考量各变量之间复杂联动的关系，推进整合性研究手段。

（3）为历史城镇保护利用探明方向和实现方式

本研究旨在厘清历史城镇居民和游客感知的"多维性"内在规律以及主客交互"阐释和沟通"的作用机制，可依此来评判当前遗产旅游发展中的误区，指明遗产保护和活化利用的方向，针对发展中的现实问题提出应对策略和导则，从而能够在实际应用层面引导历史城镇遗产地的持续协调发展。

第2章 真实性感知理论及测量方法

本章首先厘清遗产保护真实性的概念和社会学界主体真实性感知的内涵，再明晰理论发展的整体框架，梳理真实性感知测量的多种可行方法和途径，从而为后续研究提供理论和方法依据。

2.1 相关概念界定

2.1.1 文化遗产的概念和类型

1972 年，国际联合国教科文组织（UNESCO）《保护世界文化和自然遗产公约》对文化遗产的概念给予了界定："文化遗产"包括文物、建筑群和遗址。（1）文物：从历史、艺术或科学角度看具有突出普遍价值的建筑物、碑雕和碑画、具有考古性质的成分或结构、铭文、窟洞以及其联合体；（2）建筑群：从历史、艺术或科学角度看，在建筑式样、分布均匀或与环境景色结合方面，具有突出普遍价值的单立或连接的建筑群；（3）遗址：从历史、审美、人种学或人类学角度看具有突出普遍价值的人类工程或自然与人联合工程以及考古遗址等地方。

国内对文化遗产的界定一般以 2005 年 12 月发布的《国务院关于加强文化遗产保护的通知》（国发［2005］42 号）[①]为依据，指出："文化遗产包括物质文化遗产和非物质文化遗产。物质文化遗产是具有历史、艺术和科学价值的文物，包括古遗址、古墓葬、古建筑、石窟寺、石刻、壁画、近代现代重要史迹及代表性建筑等不可移动文物，历史上各时代的重要实物、艺术品、文献、手稿、图书资料等可移动文物；以及在建筑式样、分布均匀或与环境景色结合方面具有突出普遍价值的历史文化名城（街区、村镇）。非物质文化遗产是指各种以非物质形态存在的与群众生活密切相关、世代相承的传统文化表现形式，包括口头传统、传统表演艺术、民俗活动和礼仪与节庆、有关自然界和宇宙的民间传统知识和实践、传统手工艺技能等以及与上述传统文化表现形式相关的文化空间。"总的来说，"文化遗产"这一术语指的是具有历史、美学、考古、科学、文化和人类学价值的古迹、建筑群和遗址。

---

① 请参考 http://www.gov.cn/gongbao/content/2006/content_185117.htm。

2.1.2 历史城镇的概念界定

历史城镇对应英文中的"historic town""old town"与"historic city"在规模上有一些差别，中文的名称还有历史文化名城、名镇，古城、古镇，历史城市等。迄今为止对"历史城镇"定义最全面的表述是 2011 年《关于历史城镇和城区维护与管理的瓦莱塔原则》（简称《瓦莱塔原则》）给出的界定："历史城镇和城区是由各种物质和非物质元素构成的。除了城市结构以外，物质元素还包括各种建筑元素、城镇内及其周边的地景、考古遗迹、全景、天际线、视线和地标性遗址地。非物质元素包括各种活动、象征的和具有历史意义的功能、文化习俗（culturalpractices）、传统、记忆以及构成历史价值之实质的文化参照（cultural references）。"并且指出历史城镇和城区是表现社会及其文化身份认同演化的空间结构；它们是更大范围自然或人造脉络（context）必需的组成部分，且二者不可分割（陆地，2017）。

我国《历史文化名城保护规划规范》GB 50357-2005 中的术语给出了相关的概念界定，与历史城镇最为近似的是历史城区（historical urban area）和历史地段（historic area）。历史城区是指城镇中能体现其历史发展过程或某一发展时期面貌的地区。历史地段是指保留遗存较丰富，能够比较完整、真实地反映一定时期传统风貌和民族、地方特色，存有较多文物古迹、近现代史迹和历史建筑，并具有一定规模的地区。《城市规划基本术语标准》GB/T 50280-98 中历史地段（historic area）被界定为城市中文物古迹比较集中连片，或能完整地体现一定历史时期的传统风貌和民族地方特色的街区或地段。《历史文化名城名镇名村保护条例》（2008）中界定了历史文化名城、名镇、名村的含义：保存文物特别丰富，历史建筑集中成片，保留着传统格局和历史风貌；历史上曾经作为政治、经济、文化、交通中心或者军事要地，或者发生过重要历史事件，或者其传统产业、历史上建设的重大工程对本地区的发展产生过重要影响，或者能够集中反映本地区建筑的文化特色、民族特色的地区。

要想区分历史城镇和有历史成分、有偶然性历史纪念物或场所的城镇，可用 2 个重要因素（刘易斯，赵中枢，1992）：一是在城镇中心街区有大量的历史建筑物；二是保持历史街道的平面布局及其立面形式。这些历史城镇依然存在有别于大量的现代街道的、风景似的小巷与胡同，实际的立面通常尺度宜人，历史建筑融合成不规则的形态；尽管这些街道中列入保护名单的建筑不多，但它们仍具有强烈的历史特征，是千变万化的城镇景观的缩影。

2.1.3 历史城镇保护思想的演变

从国际宪章、国内法规条例等文件与历史城镇相关的内容来看，历史城镇保护理念的变化有一个过程（见表2-1）。1964年，《国际古迹保护与修复宪章》（简称《威尼斯宪章》）提出：保护"不仅包括单个建筑物，而且包括能够从中找出一种独特文明，一种有意义的发展或一个历史事件见证的城市或乡村环境"，对历史古迹的认识从单个建筑拓展至城市或乡村环境。1972年，《保护世界文化和自然遗产公约》（简称《世界遗产公约》）从对文化遗产第二类的定义看历史城镇属于自然与人工联合工程这一类型。1975年，《关于建筑遗产的欧洲宪章》明确指出建筑周边环境被忽视，强调要保护"位于古镇和特色村落中的次要建筑群及其自然和人工环境"，并且针对历史城镇中心和村落的衰退问题提出首先要基于社会公正，不应将居民迁离。1976年，《关于历史地区的保护及其当代作用的建议》（简称《内罗毕建议》）将历史地区分为史前遗址、历史城镇、老城区、村庄、聚落以及相似的古迹群，并且强调整体性保护，包括人类活动、建筑物、空间结构及周围环境。从《威尼斯宪章》到《内罗毕建议》，历史城镇的保护理念处于初期阶段，即从单体建筑逐渐到包含周围环境的整体性保护。

1987年，《保护历史城镇与城区的宪章》（简称《华盛顿宪章》），明确规定了保护历史城镇和城区的原则、目标和方法，是《威尼斯宪章》的补充。《华盛顿宪章》在整体性保护思想下，进一步确立了保护的特性，包括"历史城镇和城区的特征及表明这种特征的一切物质和精神组成部分，特别用地块和街道划分的城市形制；建筑物与绿地、开放空间的关系；由规模、大小、风格、材料、色彩及装饰等决定的建筑物的外貌，包括内部的和外部的；该城镇和城区与周围环境的关系，包括自然的和人工的；长期以来该城镇和城区获得的各种功能。"2003年，考虑到无形文化遗产和有形文化、自然遗产之间内在相互依存，为促进文化多样性和人类创造力，制定了《保护非物质文化遗产公约》，体现出对无形文化遗产本身的保护和其承载的场所和空间的关注，这种场所空间很多处于历史城镇和村落的区域。2005年，《保护历史性城镇景观宣言》可以说是对历史城镇保护理念的又一次革新和转变，其含义超出以往文件中的"历史中心""整体"或"环境"等术语范围，涵盖的区域背景和景观背景更为广泛。历史性城镇景观指："自然和生态环境内任何建筑群、结构和开放空间的整体组合"，并指出历史城市的真实性和完整性是有多种因素决定的，当代建筑开发应是对历史性城镇景观价值的提升；倡导既要保护单独古迹，也要保护建筑群及其历史地貌和地形包括在实体、功能、视觉、材料和联想方面的重要关联和整体效果。2005年,《关于历史建筑、古遗址和历史地区周边环境的保护》(简称《西安宣言》)对历史建筑、遗址和地区的"环境"进行了界定:指出除了实体和视觉以外,"环境"还包括与自然环境之间的相互作用;还有用各种无形文化遗产方式创造并形成的环境空间和当前的、动态的文化、社会和经济背景。

国际历史城镇保护思想的演变　　　　　　　　　　　　　　　　　表2-1

国际文件	与历史城镇有关的叙述	主要保护思想
1964年,《国际古迹保护与修复宪章》(《威尼斯宪章》)	保护"不仅包括单个建筑物,而且包括能够从中找出一种独特文明、一种有意义的发展或一个历史事件见证的城市或乡村环境"	将历史古迹(historic monument)的概念拓展至城市或乡村环境
1972年,《保护世界文化和自然遗产公约》(《世界遗产公约》)	文化遗产的第二类:"从历史、审美、人种学或人类学角度看具有突出普遍价值的人类工程或自然与人工联合工程以及考古遗址等地方"(从定义看历史城镇属于自然与人工联合工程)	《世界遗产公约》的操作指南2004年修订中明确界定了历史城镇的概念及分类
1975年,《关于建筑遗产的欧洲宪章》	针对多年来主要的古建筑得以保护修缮,周边环境却被忽视,强调还要保护"位于古镇和特色村落中的次要建筑群及其自然和人工环境"。并指出,"不排除老建筑的地区引入现代建筑,但要尊重现存的环境、比例、形式、体量和尺度,并使用传统材料"	提出处理城镇中心和村落正在衰退及变成低劣住宅区的问题,必须基于社会公正,而不是将较贫穷的居民搬离。所有城市区域规划都应首要考虑到保护
1976年,《关于历史地区的保护及其当代作用的建议》(《内罗毕建议》)	将"历史和建筑(包括乡土的)地区"分为史前遗址、历史城镇、老城区、村庄、聚落以及相似古迹群。"环境"指对这些地区的动态、静态的景观发生影响的自然或人工背景,或是在空间上有直接联系或通过社会、经济和文化纽带联系的自然或人工背景	历史地区及其环境应从整体上将历史地区视为一个相互联系的统一体,其协调和特性取决于各组成部分的联合,包括人类活动、建筑物、空间结构及周围环境。提出谨慎开发新地区,以防毁坏邻近的历史地区的环境和特征,应确保历史地区与当代社会生活相和谐
1987年,《保护历史城镇与城区宪章》(《华盛顿宪章》)	历史城区无论大小,其中包括"城市、城镇以及历史中心或居住区,也包括其自然的和人造的环境",要保存的特征包括"历史城镇和城区的特征及表明这种特征的一切物质和精神组成部分,特别是用地块和街道划分的城市形制;建筑物与绿地、开放空间的关系;由规模、大小、风格、材料、色彩及装饰等决定的建筑物的外貌,包括内部的和外部的;该城镇和城区与周围环境的关系,包括自然的和人工的;长期以来该城镇和城区获得的各种功能。"以上特征受到威胁都将损害历史城镇和城区的真实性	明确规定了保护历史城镇和城区的原则、目标和方法,是《威尼斯宪章》的补充。提出居民的参与对保护计划的成功起着重大作用,应该鼓励;住宅的改善应是保护的基本目标之一。保护规划旨在确保历史城镇和城区作为一个整体的和谐关系
2003年,《保护非物质文化遗产公约》	非物质文化遗产包括:口头传说和表述,包括作为无形文化遗产媒介的语言;表演艺术;社会风俗、礼仪、节庆;有关自然界和宇宙的知识和实践;传统的手工艺技能。保护措施里提到通过为非物质文化遗产"提供活动和表现的场所和空间",促进这种遗产的传承	非物质文化遗产和有形文化、自然遗产之间内在相互依存,促进文化多样性和人类创造力。体现出对非物质文化遗产本身的保护和其承载的场所和空间的关注

续表

国际文件	与历史城镇有关的叙述	主要保护思想
2005年,《保护历史性城镇景观宣言》①	历史性城镇景观指"自然和生态环境内任何建筑群、结构和开放空间的整体组合",根植于"当代和历史上在这个地点上出现的各种社会表现形式和发展过程"。提出历史性城镇景观中当代建筑应"恰当地融入历史性城镇景观",一方面"顺应发展潮流",另一方面尊重"前人留下的城市景观及其大地景观布局",在这个过程中决不能危及"有多种因素决定的历史城市的真实性和完整性"。当代建筑开发应是对历史性城镇景观价值的提升	其含义超出以往文件中的"历史中心""整体"或"环境"等术语范围,涵盖的区域背景和景观背景更为广泛;包含诸多决定因素,如土地使用模式、空间组织、视觉关系、地形、植被等。倡导既要保护单独古迹,也要保护建筑群及其历史地貌和地形,包括实体、功能、视觉、材料和联想方面的重要关联和整体效果。遗产提名时应综合考虑历史性城镇景观的概念
2005年,《关于历史建筑、古遗址和历史地区周边环境的保护》(《西安宣言》)	历史建筑、遗址和地区的环境,被界定为"直接和扩展的环境,是其重要性和独特性的组成部分"。除了实体和视觉以外,环境还包括与自然环境之间的相互作用;还有用各种无形文化遗产方式创造并形成的环境空间和当前的、动态的文化、社会和经济背景	强调环境对遗产和地区的重要性及持续影响作用,这种影响体现在城市和乡村的景观、生活方式、经济或自然环境等方面
2011年,《关于历史城镇和城区维护与管理的瓦莱塔原则》(简称《瓦莱塔原则》)	历史城镇所要保存的元素包括:由街道网络、地块、绿地以及建筑、绿地和开放空间的关系所界定的城市形制;由结构、体量、风格、尺度、材料、色彩以及装饰所界定的建筑室内外形式和外观;城镇或城区与周边自然和人工背景的关系;城镇或城区随着时间的推移获得的各种功能;文化传统、传统技术、场所精神以及有助于决定场所身份认同的一切	明确界定了历史城镇保护的物质和非物质要素具体内容;强调历史城镇真实性和完整性的本质特征是由要素间的连贯性体现出来的;强调将历史城镇及背景的各种价值整合到当代社会、文化和经济生活中

从《华盛顿宪章》提出历史城镇侧重物质和功能保护的内容和保护方法,到《西安宣言》的制定,历史城镇物质和非物质要素之间的关联性并没有强有力地被认识到,而2011年提出的《瓦莱塔原则》则彻底阐明了两者关系,是对历史城镇和城区保护具有划时代意义的国际宪章,其进步性体现在以下诸多方面:

(1) 反映出以下方面更强烈的意识:"在区域而不只限于城区尺度上的历史遗产问题;各种非物质价值,例如延续性和身份认同;传统的土地使用方式,公共空间在群体互动中的角色,整合其他社会经济因素以及各种环境因素。围绕地景作为共同基础的角色,或者说在理念上将城镇景观,包括其地形和天际线,视为一个整体的各种问题,显得比以前更加重要了。"

(2) 将要保存的元素在《华盛顿宪章》关于城市形制、建筑内外形式、自然人工环境、城镇和区域功能的基础上,增加了"文化传统、传统技术、场所精神以及有助于决定场所身份认同的一切""社会的机理结构,文化多样性",和"遗址地整体及其各个组成部分、遗址地的脉络以及构成这种脉络的各组成部分,这几者之间的关系"。

---

① 该《宣言》基于2005年《保护历史性城镇景观维也纳备忘录》。

（3）强调身份认同、场所精神的重要性，"场所精神指的是为一个地方赋予特定的身份认同、意义、情感、神秘性的物质和非物质、肌体和精神元素。精神创造了空间，空间与此同时也建构出了精神，并为其赋予结构"。

（4）进一步回应当代建筑应该遵循的原则，即"当代建筑必须像该地其余的城市环境那样与历史城镇中的既有空间布局（layout）连贯一致。当代建筑应在尊重遗址地尺度，并与既有建筑及其脉络的发展形制建立明确友善关系的前提下，找到自己的表现方式"。

《瓦莱塔原则》是目前关于历史城镇与城区保护的最新、最重要的国际宪章，它在以往文件基础上，强调对干预历史城镇的行为活动的控制、强调场所精神的建立、强调文化认同的保持、重视变化以及变化带来的可能性、重视历史城镇的非物质价值的保护、提倡将历史城镇作为城市生态系统的有机部分实现可持续的整体保护与和谐发展（林源，孟玉，2016）。

国内于1982年颁布了《中华人民共和国文物保护法》（2002年修订），标志着我国文物保护制度的正式确立（见表2-2）。同年，国务院批转国家建委等部门《关于保护我国历史文化名城的请示》，并指出"保护一批历史文化名城，对于继承悠久的文化遗产，发扬光荣革命传统，进行爱国主义教育，建设社会主义精神文明，扩大我国的国际影响，都有着积极的意义"，批准北京等24个第一批国家历史文化名城（张松，2007）。目前国家历史文化名城总数为135个[①]。国内在历史城镇保护方面目前最重要的法规是2008年制定的《历史文化名城名镇名村保护条例》，在此之前云南、山西、浙江、昆明、巍山等省、市、县在20世纪90年代已经出台地方性历史文化名城保护条例，北京、苏州、西安、广州、福州、长沙等国家级历史文化名城也相继制定了保护条例，积累了富有中国特色的保护规划经验。

国内历史城镇保护思想的变化　　　　　　　　　　　　　表2-2

国内文件	与历史城镇有关的叙述	主要保护思想
1982年，《中华人民共和国文物保护法》（2002年修订）	保存文物特别丰富并且具有重大历史价值或者革命纪念意义的城镇、街道、村庄，由省级人民政府核定公布为历史文化街区、村镇[②]	历史文化名城、街区、村镇所在地县级以上政府组织编制保护规划，纳入城市总体规划
1982年，《文化资产保存法》台湾地区	保护对象包括"古迹、历史建筑及聚落、遗址、文化景观、传统艺术、民俗及有关文物、古物、自然地景等对象"，其中历史建筑及聚落、传统艺术、民俗、自然地景均与历史城镇保护有关	2004年完成第四次修订，成为体系完善、内容全面的地区文化资产保护法

---

① 数据截至2018年5月。其中，2007年增补的海口市与第三批的海口市琼山区合并算为一个。
② 此处引用的是2002年修订后的《中华人民共和国文物保护法》的内容。

续表

国内文件	与历史城镇有关的叙述	主要保护思想
2000年,《中国文物古迹保护准则》	对保护的对象通称"文物古迹",保护类型中包含了"由国家公布应予保护的历史文化街区(村镇)及其原有附属文物"	参照《威尼斯宪章》制定本《准则》,提出保护现存实物原状与历史信息,修复的部分应有详细记录档案和永久年代标志
2001年,《江苏省历史文化名城名镇保护条例》①	历史文化名城、名镇和历史文化保护区②的保护内容是:城镇整体空间环境,包括古城格局、整体风貌、城镇空间环境等;历史街区和地下文物埋藏区;有历史价值的古文化遗址、古墓葬、古建筑、石窟寺、石刻、近代现代重要历史遗迹和代表性建筑以及古树名木、水系、村落、地貌遗迹;城镇历史演变、建置沿革及特有的非物质文化遗产等	坚持统筹规划、有效保护、合理利用、科学管理的原则。与我国各地区制定的名城名镇保护条例中关于保护内容的界定类似
2005年,《历史文化名城保护规划规范》GB 50357—2005	历史文化名城保护的内容应包括:历史文化名城的格局和风貌;与历史文化密切相关的自然地貌、水系、风景名胜、古树名木;反映历史风貌的建筑群、街区、村镇;各级文物保护单位;民俗精华、传统工艺、传统文化等	提出保护历史真实载体、保护历史环境、合理和永续利用的原则。提及历史文化街区保护应包括改善居民生活环境、保持地区活力
2008年,《历史文化名城名镇名村保护条例》	历史文化名城、名镇、名村申报条件:保存文物特别丰富;历史建筑集中成片;保留着传统格局和历史风貌;历史上曾经作为政治、经济、文化、交通中心或者军事要地,或者发生过重要历史事件,或者其传统产业、历史上建设的重大工程对本地区的发展产生过重要影响,或者能够集中反映本地区建筑的文化特色、民族特色	针对历史文化名城、名镇、名村制定统一准入标准,亦界定了历史建筑和历史文化街区的概念

2.1.4 历史城镇案例的选取

本研究选取国家历史文化名镇上海市嘉定区南翔镇为历史城镇案例。以往古镇研究中很少有学者对南翔镇进行深入的观察和分析研究,更多地将眼光投向最知名或旅游发展最快的那些历史古镇。考虑到南翔古镇并没有因为旅游的发展而过度商业化,历史城镇的一些街区被修复后,街区游憩活力被激活,游客和居民呈现融洽共生的状态,因此这一案例对于本研究有一定的代表性和启示性,具有重要的研究价值和现实意义。南翔镇因其悠久的历史,众多的名胜古迹,浓厚的人文气息(图2-1)以及在历史发展中的地位,1991年被上海市人民政府列为上海市四大"历史文化名镇"之一,后被登录为第五批"国家历史文化名镇",荣获国家4A级旅游景区称号;2005年上海市规划局正式公布南翔镇的双塔和古猗园为"双塔历史文化风貌保护区"和"古猗园历史

---

① 国内各地制定的相关名城各镇保护条例中关于保护内容的界定类似,仅举江苏省为例,其他不再赘述。
② 该《条例》中历史文化名镇包括建制镇和集镇,历史文化保护区包括特色街区、建筑群、村落、水系等。

图2-1 上海南翔古镇景观风貌

文化风貌保护区"；2014年南翔小笼被列为"国家级非物质文化遗产"。

南翔古名槎溪，梁武帝建国的时候还只是一个荒凉的乡村，当地农民在耕地时挖到一块一丈多长的大石块，石块刚一露面，一对白鹤就在石块上空盘旋，落到石块上歇脚。一个叫德齐的和尚认为这里是一块佛地，决定在此建造一座佛寺。每天白鹤飞往哪个方向，哪个方向就有人来献款，天天如此，从不间断。不久就筹集到一大笔钱，破土动工建造寺院。公元505年（梁天监四年）建成白鹤南翔寺，因寺成镇，便取名"南翔"。

南翔镇历史悠久，古迹集锦。唐时就有云翔寺八景，宋元时南翔已成镇，明清时经济更为发达，百业兴旺，徽商云集，为江南一大棉布贸易中心。当时有南翔十八景，私家园林二十余座。明末清初，全镇东西长3km，南北长2.5km，有大街12条，小弄41条，又大小商店400余家，形成一批老字号的特色店，素有"银南翔"之称。由于南翔地处上海近郊，为历代兵家必争之地，新中国成立后，文化遗产才得以保护、修复和重建。镇区现有国内罕见的五代砖塔，还有始建于明代的南翔名胜古猗园，国家非物质文化遗产南翔小笼以及修复后的留云禅寺（原云翔寺）、檀园等成为体现南翔历史文化的重要资源。

2.2 真实性的含义

2.2.1 真实性释义

真实性"authenticity"一词来自希腊语和拉丁语"权威的"（authoritative）和"起源的"（original）两词。在宗教占统治力量的中世纪，"authenticity"用来指宗教经本及宗教遗物的真实程度。在《简明牛津英语词典》中，"真实性"可以被解释为"原件""第一手的"（与"复制"相对应）；或者被解释为"真实的""实际的""真的"（与"假的"相对应）。在英文辞典《韦伯大词典》中将"authenticity"解释为"authoritative（权威的）""original（起源的）""fact or reality（事实或真实）""trustworthy（可信的）"4种含义。

在遗产领域，真实性（authenticity）"……是在博物馆研究中，人们测评艺术品是否表里如一，或者像宣传的那样名副其实"的概念（Trilling，1972）。真实性意味着传统的文化和源头，一种天然的、真实的、独一无二的意思（Sharpley，1994），这是博物馆管理者和民族志学者对"真实性"定义的起初内涵。他们倾向用严格的术语来界定原始艺术和民族艺术中的真实性。对他们来说"真实性"主要是指"前现代社会"的特性，和尚未受到现代西方影响的地方所生产的文化特性；人类学家也是如此，他们试图取得当地在受到西方社会"污染"以前的社会和文化信息。另一位学者Cornet（1975）认为真实性是"任何出于传统目的，由传统艺术家创作的物品……并与传统形式保持一致"，他强调这些物品不应为了出售而特别制作，他把非商品化作为判定真实性的一个标准。

在旅游领域，"真实性"概念已经从之前的关注客体到关注主体，进一步演变成为关注主体对客体的"真实性"感知和体验（Belhassen & Caton，2006；Mkono，2012；Rickly-Boyd，2012），并逐渐走向主客体间真实性的表达、阐释与认知、体验间的互动关系。对真实性的寻求是现代旅游最主要的动机之一（MacCannell，1973），也就是在寻找尚未被现代化触及的质朴、原始与自然。博物馆研究员、民族志学家、人类学家都属于现代的、疏离的知识分子，他们将比一般的社会群体更加严肃地追求真实性，标准也更加严格。大众游客将会满足于更加宽松的真实性认知标准，他们根据自己对现代性的疏离程度不同，对真实性的追求程度也不同。因此，不同研究领域不同历史发展阶段对真实性的界定是不同的，下面从传统真实性、文化遗产真实性、体验主体的真实性感知几方面进行详述。

2.2.2 传统真实性的含义

"真实性"是专有名词"authenticity"的中文翻译。中文和英语不同，是由"真"和"实"两个字构成的，两个都是实词，有具体的意义。

"真"，从"贞"变形而得，"贞"从"贝"从"卜"，"卜贝"属于占卜的一种，是汉人传统的习俗，是最简单的一种求真过程。"真"的基本含义包括：（1）真诚，真实；与"伪""假"相对。《汉书·宣帝纪》："使真伪勿相乱。"（2）本身、自身。《庄子·秋水》："谨守而勿失，是谓反其真。"又《庄子·山木》："见利而忘其真。"陆德明释文引司马彪曰："真，身也。"（3）守职。《汉书·张敞传》:"守太原太守,满岁为真。"(4)真书:汉字正楷。(5)肖像。常用释义为前两种。

"实"的释义包括:(1)充满、充实。《小尔雅》:"实,满也,塞也。"(2)真诚、诚实。《韩非子·主道》:"虚则知实之情。"(3)果实。《礼记·祭统》:"草木之实。"(4)殷实、富足。《说文》:"实,富也。"

"真实"的释义为:

(1)跟客观事实相符合。汉荀悦《申鉴·政体》:"君子之所以动天地、应神明、正万物而成王治者,必本乎真实而已。"宋苏轼《叶涛致远见和二诗复次其韵》之一:"那知非真实,造化聊戏尔。"清吴伟业《赠愿云师》:"世法梦幻,惟出世大事,乃为真实。"杨朔《海市》:"这真实的海市并非别处,就是长山列岛。"

(2)真心实意。宋苏轼《东坡志林》(《稗海》本)卷十:"玄德将死之言,乃真实语也。"明李贽《复杨定见书》:"盖真实下问,欲以求益,非借此以要名,如世人之为也。"

(3)确切清楚。明冯惟敏《梁状元不伏老》第二折:"且是眼花花的怎生去看的真实。"《三国演义》第四五回:"后面言语颇低,听不真实。"

(4)真相境界。真相的实际内容,突破虚幻,真实的觉受;是理性的感悟与体验,是直接的反映与超越;是对真如境界的体觉,不生不灭、不垢不净、如入不动之境界。菩萨境界第九层的真实。

可见,英语"authenticity"和汉语"真实"都是一个多义词,基本含义都是一致的,常用的释义是"与客观事实相符合"的意思。

2.2.3 文化遗产的真实性

文化遗产资源,如艺术作品、历史建筑或历史城镇,它们与时间和历史的关系可以分为3个阶段:第一阶段,创造该实物阶段;第二阶段,从创造阶段延伸至现在;第三阶段,与我们现在意识中对该纪念物的感知相关联。这几个阶段的顺序构成了资源的历史时序,它是不可逆的。遗产资源因其与历史时期的关系而唯一,是不可再生的。目前,我们所处的时代是第三阶段。

遗产资源与建造时相比,"真实性"指的是遗产资源随时间发生老化和变化时,其本质上是原物或者是真实的;其真实性应该反映在历史时序的不同阶段内,被建造和使用过程中的重要阶段,也就是说真实性是一个过程信息(张松,2008)。通过真实性检验的遗产资源应维持原本的、在创造时期形成的或随历史时序演化的完整过程。依据《实施世界遗产公约的操作指南》,应该考虑真实性的材料真实性、设计真实性、工艺真实性、环境真实性等几个方面（UNESCO，2005）。材料真实性是设计和工艺真实性的首要标准，它连同环境的真实性共同定义了文化遗产资源的真实性。

文化遗产资源的真实性的概念，还需在不同国度、不同文化背景下进行考虑。东西方历史文化的差异导致遗产价值观和保护理念上的差异，西方对待任何一件"赝品"，无论仿制品、复制品或是过分修复的复原成果，都不可以被理解为原物。东方的传统价值观中，遗产的物质性和精神性统一，强调保持整体性和传统工艺的延续，例如伊势神宫的"式年造替"的重建传统（周霖，吴卫新，2010）。

在遗产保护领域，国际宪章和法规对遗产资源的"真实性"进行了多次界定和内涵变迁。1931年，通过了《关于历史性纪念物修复的雅典宪章》（简称《雅典宪章》Charter of Athens），虽未正式提出真实性概念，但开始包含真实性的思想萌芽。1964年，通过了《国际古迹保护与修复宪章》（简称《威尼斯宪章》Venice Charter），宪章提出围绕"原"和"真"展开保护和修复，不仅要保护"最早的状态"，而且要保护"所有时期的正当贡献，要保护古迹周围环境"，提出以真实性思想为核心构建文化遗产保护的概念框架（ICOMOS，1964）。《保护世界文化和自然遗产公约》（1972）明确指出世界遗产登录必须接受"真实性检验"（test of authenticity）。随着保护对象的扩展，保护方式的日益多样，真实性成为文化遗产保护领域的核心问题。

1994年的《关于真实性的奈良文件》（简称《奈良文件》Nara Document on Authenticity）是关于真实性讨论的重要里程碑，它不仅指出："真实性不应被理解为遗产的价值本身，而是对文化遗产的理解取决于有关信息来源是否确凿有效。"还提出对真实性地域和文化差异的理解和尊重，希望遗产能代表更多元的文化，达到地域的平衡。《奈良文件》引发全球性的大讨论，也推动了真实性内涵的演变：（1）从遗产本体的真实性演变为对遗产信息真实性的关注；（2）从静态的真实性演变为动态的真实性；（3）从绝对的真实性演变为相对的真实性。在全球范围的讨论中《圣安东尼奥宣言》（1996）最为突出，它对真实性全面剖析，对奈良文件的不足加以批判，具有建设性（陆地，2009）；深入讨论了美洲在遗产保护方面的真实性含义，包括美洲建筑、城市、考古和文化景观遗产相关的真实性本质、定义、检验和管理。

总的来看，国际上对文化遗产保护领域真实性的讨论在《实施世界遗产公约的操作指南》（2005）给出了最基本的界定：依据文化遗产类别及其文化背景，如果遗产的文化价值的以下特征，包括外形和设计、材料和实质、用途和功能、传统技术和管理体系、位置和环境、语言和其他形式的非物质遗产、精神和感觉以及其他内外因素是真实可信的，则被认为具有真实性。

2.2.4 主体的真实性感知

主体的"真实性感知"是指主体体验的真实，是一种主观感知状态，既与客体目标物真实程度有关，又有赖于主体的参与性过程，其英文表达是"perception of authenticity"或"perceived authenticity"（Wang，1999；Xie & Wall，2002；Chhabra，2005，2010）。本研究在遗产保护工程修复真实性前提下，探讨居民和游客的主体体验的真实性，即"真实性感知"。

Handler 和 Saxton（1988）指出：真实的体验就是个体感到他们自己既和"真实世界"（real world）在一起又和他们的"真我世界"（real selves）在一起的状态。Selwyn（1996）将前者和知识的真实性联系起来，称其为"冷真实"；又将后者与感觉的真实联系起来，称其为"热真实"。因此"真实性感知"被看作是人们通过不同环境场景之间有意义的辩证关系获得的综合完整体验的总和（Beng，1995）。国内研究对于"真实性感知"的表达，还有"真实性认知"（卢天玲，2007）"原真性感知"（张朝枝等，2008；徐嵩龄，2008）等相关概念，均归属于主观感知和体验的范畴。

2.3 真实性感知理论框架

20世纪60年代，西方社会学界开始对旅游中的真实性问题进行探讨，从此展开了渐进式的研究历程，最初正是因为对旅游中的"非真性"现象的批评，使得主体真实体验受到关注。随着遗产真实性和主体真实性感知研究的推进，真实性议题已经成为文化遗产保护和利用中极具理论和实践意义的焦点问题。

2.3.1 国内外理论流变

2.3.1.1 国外发展历程

首次在旅游领域探讨真实性问题的是 Boorstin（1964），他批判性地提出旅游是个虚假事件（pseudo-events），游客是被精心设计过的旅游吸引物蒙蔽。之后又出现了很多研究（Cohen，1979；Bruner，1989，1994；Daniel，

1996；MacCannell，1973；Smith，1977），他们并没有直接接纳 Boorstin（1964）的结论，而是对他的观点进行争论和思考。美国社会学家 MacCannell（1973）认为东道主把经过包装的文化产品当作"真实"搬上"舞台"展示给游客，游客接触到的是被舞台化了的地方文化，因此提出"舞台真实性"（staged-authenticity）的概念，这是对"前台（the front stage）"和"后台（the back stage）"（Goffman，1959）理论的拓展。Cohen（1979，1988）认为真实性并非场所、景象、事件或者存在物的客观属性，而是被社会性地建构出来的（constructed authenticity），它们的某种特征使得游客感知到"真实"的体验，他将这种建构过程表述为"渐进真实性"（emergent authenticity），并提出旅游情境的类型框架。

在回应前人的理论研究的基础上，Wang（1999）将真实性归纳为客体导向的"客观真实性"（objective authenticity）"建构真实性"（constructive authenticity）和主体导向的"存在真实性"（existential authenticity）（见表2-3）。"客观真实性"意为旅游中真实的体验是等同于对原物的真实性的认识论上的体验；"建构真实性"指依据个体经验建立起来的真实性；"存在真实性"，是游客在无拘无束的状态下体验到的"真实性"，他们借助旅游客体来寻找本真的自我（an existential state of being），包括个体内在的真实（intrapersonal authenticity）和个体之间的真实性（interpersonal authenticity）。后来相继有学者（Kim & Jamal，2007；Belhassen，Caton & Stewart，2008）支持和深化 Wang（1999）的观点。Wang Yu（2007）以纳西族家庭旅馆为例，通过3个相关的维度（客体、主体、家）来理解"真实性"，认为在纳西族的家庭旅游中产生了"定制真实性"（customized authenticity），"定制真实性"即使是完全舞台化的，还是被游客广为接纳。

旅游中3种体验的真实性　　　　　　　　　　　表2-3

旅游中客体相关的真实性（object-related）	旅游中活动相关的真实性（activity-related）
客观真实性： 指的是建立在对客体真实性认识论上的主体体验	
建构真实性： 指的是由游客或者旅游组织者根据旅游客体的想象、期待、偏好、信念、权利等建立起来的真实性；对于同一个客体，不同主体有不同的真实性版本。相应地，旅游中真实的体验和旅游客体的真实性是互为建构的	存在真实性： 指的是游客借助旅游客体或活动寻找到本真的自我

（来源：参考Wang（1999）整理）

不同的访问者有不同的真实性诉求和感知体验（Cohen，1979；Olsen，2002），访问者体验的类型可以划分为存在型、实验型、体验型、转移型、娱乐型5类，其中前两者对真实性的关注远远大于后两者。它们依次占据了旅游体验连续带两级之间的位置，一端是存在型游客的类似朝圣者的体验，他们前往"他者中心"（the other center）寻找意义；一端是娱乐型游客的体验，他们追求在新奇和陌生环境中的纯粹乐趣，中间各连续带上的类型分别对"他者中心"有着不同程度的依附。体验和实验型的游客暂时丢失自己的"中心"，去体验和实验"他者中心"，都愿意融入旅游目的地，体验他人的生活，实际上在追求体验型真实性"experiential authenticity"（Trilling，1972）。而且这种体验对不同的人体现为不同的真实性宽度；存在型则依附于他们自身社会之外的新的"中心"；转移型和娱乐型游客疏离了自身的社会文化"中心"后，前者愿意寻找替代的"中心"，而后者追求去"中心"的个人乐趣，二者都倾向在旅游地进行及时娱乐和消遣，真假界限十分模糊，是"后现代真实性"（Eco，1986；Baudrillard，1983）的真实写照。

综上所述，国际学术界因旅游吸引物与不同主体间互动关系的多样性，研究真实性感知层次的不同，并逐渐从主体、客体、介体互为建构等维度，形成多样的、相对的真实性概念。遗产体验的核心其实是真实性信息的表达、传递和接纳过程，主体对这个过程的体验是经过设计而定制的（Timothy，1997），但这种定制仍需以文化遗产"真实性"为核心，从而实现遗产价值与体验的统一。

2.3.1.2 国内研究动态

国内旅游真实性的研究前期主要是引进、介绍国外概念和理论（张晓萍，2003；吴晓隽，2004；陈勇，2005；李旭东，张金岭，2005；周亚庆等，2007），后期则多是结合本土化的实践进行应用性研究（王艳平，2006；马凌，2007；卢天玲，2007；殷帆等，2010；韦玮，2014）。早期，吴忠才（2002）在国外理论的基础上提出旅游活动中的"文化真实性与表演真实影响综合模型"；接下来国内主要围绕"客观真实性 - 建构真实性 - 存在真实性 - 后现代真实性"的理论轨迹展开综述；2005年之后，逐渐走向本土化（张军，2005；高燕，凌常荣，2007；宋秋，2012；赵红梅，2013）。

在对国外理论的引入和实践过程中产生了"本土化"延伸。国内学者王艳平（2006），基于温泉旅游的实践对真实性进行了结构性研究，探讨了温泉的远古真实、历史真实、演进中的真实等概念。陈兴（2010）基于人类学视角，结合体验经济内涵，提出旅游体验的"虚拟的真实性"（virtual authenticity）

概念，认为旅游体验的实现过程就是"虚拟真实"的过程。殷帆等（2010）结合历史地段的保护和更新案例，提出客体的真实性包括载体真实性、信息真实性和线索真实性等，在历史地段要素的真实性分析方面的研究深入一个层次。杨振之和胡海霞（2011）从事实的、认识的、信念的3个层面构建了真实性结构体系（如图2-2）。

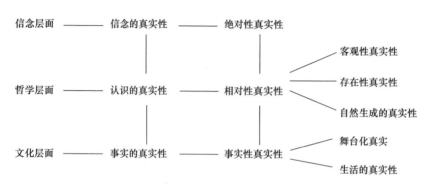

图2-2 不同层面真实性结构图
（来源：杨振之，胡海霞，2011）

主体真实性感知的概念并不限于某一旅游地类型，但国内重点应用在遗产旅游领域，尤其是世界遗产、古镇古村落、工业遗产和民族民俗的非物质文化遗产方面（褚琦，2008；林龙飞等，2010；陈享尔，蔡建明，2012；周永广，栗丽娟，2014），体现了我国当前遗产旅游领域研究和实践结合的迫切性。国内学者在对国外的真实性理论的应用过程中，有基础理论先行的指导优势，本土化过程中也产生了一些问题：与国内旅游市场的30多年发展相比理论滞后于实践，基础理论的研究应该转化为旅游发展理念的地域化、空间化和形态化的方法和途径（吴承照，2009）；在真实性理论应用层面，遗产地的可持续管理需要提高旅游者、原居民、服务业者和经营决策者的共同意识，让他们认识到遗产的脆弱性和价值，协调各方利益，共同延续遗产地文脉、体验遗产地精神。

2.3.2 理论整体框架

由是观之，国内外关于真实性感知的研究侧重点不同，它们的联系和区别分析如下。现代游客总是在旅游中追寻"真实性"，游客是"真实性"建构的主体，参与建构的又不止游客一个群体。游客的建构是在旅游体验的整个过程（旅游前的期待和想象及旅游中的体验）中完成的；游客介入到旅游地的直接结果是重新构筑游客、东道主和旅游吸引物之间的关系，同时还导致环境结构、场所精神、生活方式以及行为活动的变化，这一过程最终形成主体、客体以及各种媒介间动态变化的循环体系。因此，可以说真实性是旅游体验的核心，研究者的"认知观察观"是区分众多真实性感知概念逻辑的工具，所以形成真实性感知理论的整体框架（如图2-3）。

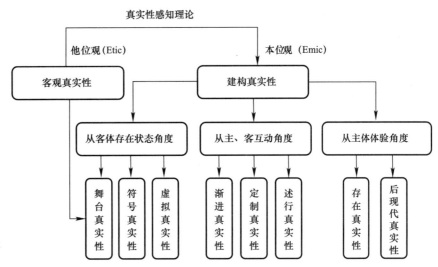

图2-3 真实性感知理论体系框架图

2.3.2.1 客观真实性

客观真实性（objective authenticity，译为客观性真实性或客观原真性等）产生于社会学研究初期，是从他位观（Etic）进行的概念判定。指社会学家（非游客自己）认为的访问者主体是完全基于客体的真实性特征形成自身的认识和态度，或者说将作为客体属性的真实性和游客可以感知到的部分等同起来。现实生活中，针对遗产地的大众访问者（非专家）而言，客观真实性认知的获得也会受到个体的背景知识、认知能力等因素的影响，主体认知与客体特性不一定吻合。而需要阐明的是："遗产客体的真实性"是客观存在的，不以人的意志为转移；本书讲到的"客观真实性"指的是人的一种主观体验。在建筑工程学中，建筑遗产是客观存在的，只要历史建筑年代、所属区域鉴定清楚，其建筑风貌就清晰可辨，因此可以通过古建筑的风貌和特征，追溯其历史年代与所属地区，这些都是由"客体真实性"决定的，并可被人认识和感知到。

2.3.2.2 建构真实性

建构真实性（constructive authenticity，还译为结构原真、结构真实），这个概念是相对的、可商议的（Cohen, 1988）、背景决定的（salamone, 1997）、意识形态的（Silver, 1993），可以是对于客体的意象、梦想、期待等。它的提出是在承认旅游吸引物的"舞台化"的基础上形成的，它和客观真实性理论最大的区别在于对于旅游主体的研究从他位观（Etic）转向本位观（Emic），承认主体真实性感知之间存在差异性。建构真实性以 Cohen（1988）提出的"渐进真实性"（emergent authenticity）为代表，不仅讨论了主体对于客体真实性感知程度结果的差异，还反过来讨论了客体依据主体喜好人为打造出的"符号真实性"；同时，建构真实性概念还揭示了旅游主体和客体之间通过各种媒介互为建构的事实，加之"emergent"包含"自然生成""逐渐演变"的时间维度，因此奠定了多维度、整体性研究"真实性"的基准平台（科恩，2007）。更加彻底的建构真实性甚至可以说不需要以群体的共识意识作为合法性的基础，而被认为是每一个主体都可能把自己的梦想、价值观、人生经历等投射到客体上，产生独属于某一个单个个体的建构真实性体验（陈丽坤，2013）。在理论的发展中出现的许多不同的概念，可以说是建构真实性某种情形下的特殊形式，或是不同侧重角度的转述。归纳起来有 3 个方面：一是从客体存在状态角度来界定，二是从主客互动角度来界定，三是从主体体验角度来界定。

（1）从客体存在状态角度界定

从客体存在状态角度界定"真实性"的有："舞台真实性""符号真实性""虚拟真实性"等。"舞台真实性"和"符号真实性"相比有关联和交集，前者侧重体现真实性呈现的方式，后者侧重体现真实性呈现的内容；而"虚拟真实性"是一种对于真实性塑造过程的描述。

（2）从主客互动角度界定

从主客互动角度界定的"真实性"有："渐进真实性""定制真实性"和"述行真实性"等。"渐进真实性"体现了主体对客体发展的过程性认知；"定制真实性"是基于实际操作层面对个性化真实性的界定；"述行真实性"是旅游经营者通过旅游设计、场所装置等对真实性的"表述"，引导游客基于认知和情感两个层面的真实体验。

（3）从主体体验角度界定

从纯粹主体体验角度界定的"真实性"有："存在真实性"和"后现代真实性"等。正如"存在真实性"是种真正找到中心（理想）的极端状态，"后现代真实性"则是在建构主义范式下，游客的另一个超越真实（或根本不在乎真实）的极端体验状态。

综上所述，基于社会发展理念下的建构真实性，和建立在文化遗产保护体系下的遗产真实性是完全不同的两个概念，但又是紧密关联的。前者讲的是游客的心理感受的真实，是主体体验的真实性；后者则是历史遗产载体的真实性，强调的是文化遗产修复过程的真实性，也就是保护中的修旧如旧，以存其真，主要焦点是工程修复技术，两个真实性的概念和内涵参照体系不同，然而建立两者之间沟通对话桥梁是很有必要的。因此，文化遗产的"阐释"和"沟通"应该围绕真实性主客体间的建构，对客体和主体的互动提出可行性的策略。"阐释"遗产客体是如何保持真实性的问题，而"沟通"则是游客如何体验真实性、居民如何保有地方发展的真实感及经营者如何营建真实性的综合问题。这些都应基于对遗产真实性和主体感知理论的清醒认识，因此本书研究的整体理论框架不仅是一次基础理论的探索，更为研究文化遗产保护、利用和实践应用提供理论支撑。

2.4 真实性感知测量方法

目前，几乎各种社会学的理论在旅游研究中或多或少都有体现，已有的研究从结构功能主义、冲突论、符号互动主义来解释客源地与目的地之间的社会冲突、符号互动、社会文化变迁以及群体涵化等问题。"感知研究"是基于主体主观认知视角的社会学研究，是社会学中揭示环境与社会因果关系的科学方法，虽并不能揭示全部，但能通过揭示某些特定层面来解释遗产价值、遗产与游客的关系、旅游活动的介入对遗产地发展的影响等关键问题。真实性感知测量作为遗产旅游研究的重要实证研究手段，是基于对研究范式的理解和选取，从主客体间的分析视角建构因果关系的方法。因此，在对真实性感知测量方法进行研究前，有必要先厘清几种可能的范式及其在真实性感知中的应用。

2.4.1 社会学范式对真实性感知研究的贡献

社会学是一门通过社会关系和社会行为来研究社会结构、功能、发生、发展规律的科学，其研究对象是社会主体、环境客体及其作用关系，因此社会学研究范式间的区别主要来自如何看待主客体的互动关系。社会学范式下的真实性感知研究也相应体现其理论，主要研究范式有：结构功能主义范式、冲突范式、符号互动主义范式、建构主义范式等（Babbie，2004）。

2.4.1.1 结构功能主义范式

结构功能主义范式，是由帕森斯（Parsons）建立的，其核心是探讨社会整合和社会功能，认为任何社会都具有基本的结构，这些结构模式之间发生着相互支持的关系，从而保证社会系统的生存。在这种范式的影响下，针对旅游真实性问题，研究者认为"真实性感知"系统是一个由主体（旅游消费者系统）通过介体（旅游信息系统）体验客体（旅游吸引物系统）的复杂系统，各个组成部分有其不同的系统功能，通过研究各主体的真实性感知动态作用机制（董培海，2011），为遗产地旅游发展提供可持续发展策略，包括遗产资源的保护（张补宏，徐施，2010）、文化的再生和体验产品的研发（陈兴，2010）、遗产地环境管理和游客管理（Sedmak & Mihalic，2008），这些都反映了结构功能主义的系统整合的思想和研究视角。

2.4.1.2 冲突范式

冲突范式，来源于理论家马克思（Marx），它强调社会分歧和权力差别可能引起的社会冲突。在这种范式影响下，研究者认为文化是一种对价值的认可和保存，商品是一种经济利益和利润的承载（王宁等，2008）。旅游文化商品化会引发各种文化冲突：一方面是游客追求体验的"真实性"与旅游经营的"世俗性"之间产生矛盾，即游客的个人期望、真实体验、自我实现等诉求与旅游地的形象、生活方式的商业化、世俗化之间的冲突，Boorstin（1964）就尖锐地讽刺现代旅游是一种欺骗性伪事件；另外一方面是原真文化保护与旅游利用发展之间的矛盾，具体表现是建立在经济利益之上的好客文化丧失其真实性，本地居民因为旅游侵蚀生活空间而逐渐从兴奋、好客转换为漠然甚至抵制旅游。游客对其追求的"真实体验"和经营者提供的"舞台真实"吸引物之间出现期待和现实差距的问题，距离接近则冲突减缓，距离加大，则引发游客真实体验和目的地过度商业化之间的内在矛盾加剧（Graham，Ashworth & Tunbridge，2000）。

2.4.1.3 符号互动主义范式

符号互动主义范式由布鲁诺（Blumer）提出，主张社会是人际间符号互动的产物，对社会现象的解释应该通过这种符号互动来实现，社会生活中的不同主体对于符号意义的理解不同。Goffman（1959）在符号互动论的基础上提出了"前台后台理论"，MacCannell（1973）又对景观吸引物系统的符号意义进行了阐释，吸引物符号化的再现满足了游客对他者真实生活的想象。Culler（1981）把游客喻为"符号大军"，认为游客追求的是异国文化的符号，Urry（1990）也提出旅游凝视的对象可以被看作是有意义的符号。这些研究的基本出发点是遗产地意义的表达，而这种表达是和符号联系在一起的，访问者主体和旅游经营者等相关者对符号的运用、解读（陈岗，2012）和阐释构建了旅游社会。这种社会学的研究范式进一步引领研究者对于主体、客体、介体 3 者之间互为建构的"建构主义"范式的开拓。

2.4.1.4 建构主义范式

建构主义范式，是 Burr（1995）归纳的一个概念，强调知识与社会的建构性，是对传统实证主义中的客观主义、理性主义的批判，主张思维视角上的建构性、社会性、互动性和方法论上的相对主义，是后实证主义革命的一部分。建构主义范式下的旅游研究注重 3 个方面：重视旅游现象中话语系统（语言和图像）的作用；重视符号和意义的建构；注重研究旅游建构过程中的社会关系和社会互动过程（马凌，2011）。真实性感知作为遗产地旅游的核心体验其实也是被建构的，是旅游者的真实性追求、印象、期待、信念在旅游目的地的投射，与旅游者的类型及他们对于真实性的定义和判定标准有关，Cohen（1988）是建构主义范式下关于旅游真实性研究的最重要的代表之一。

由此可见，各种范式应用于真实性感知研究时，主要的区别是对主客体在研究中的视角和位置关系的不同。结构功能主义范式，主客体之间是一种"系统关系"，真实性感知是个体通过介体感知客体的过程，在这个过程中整个感知系统由各个不同的子系统构成；冲突范式，主客体之间是一种"冲突关系"，真实性感知研究中主要基于主客关系矛盾的立场，研究多方主体与目的地之间真实性诉求的矛盾和利益冲突；符号互动主义范式，主客体之间是一种符号"指向关系"，通过研究各个感知主体（游客、居民及其他利益主体）对真实符号意义的解读，阐释游客进入遗产地之后对社会空间变迁的影响；建构主义范式，主客体之间是一种"形塑关系"，研究主要侧重于从刺激和传播的主体、对象、途径及建构过程来研究旅游过程中真实性从"静态"到"动态"、从"单向"到"互动"的作用机理。这些范式作为一种科学结构，每个范式都提供了不同理论前提、视角和观点，同时也忽略了其他一些社会生活维度，范式之间并非并行且有一定的互动和叠合，没有优劣只有适用性大小。只有范式共同存在、相互对话协作才会有利于社会科学的长远发展。

2.4.2 真实性感知测量方法

自从库恩（Kuhn）1962 年提出"范式革命"（paradigm revolution）以来，范式与理论假设、应用方法之间的共同体关系逐渐获得共识，成为一定时期内开展研究活动的基础（Kuhn，1996）。广义的范式，指研究共同体成员所共享的一套信仰、价值、技术等的集合；狭义的范式，指研究共同体成员所共享的具体的方法或技术。

量化研究和质性研究是位于范式问题之下研究方法层面的问题，具体的研究方法、技术和范式没有必然的逻辑对应性（陈丽坤，2013）。下面将对以往真实性感知研究中出现的量化和质性的测量方法加以归纳，并考察研究方法和研究范式之间的交互协调性。

2.4.2.1 要素分解——量化测量

要素分解是目前真实性感知测量中最普遍的方法之一，具有明显的结构功能主义的理论视角。研究从认识论的角度拆分客体要素作为问卷量表的依据，依此推测主体对要素感知的强烈程度，从而得出应改进的客体真实性序列；借助的统计方法主要有 IPA 分析、方差分析、聚类分析、结构方程模型等。目前要素分解的方法基本上可以归纳为两种：一是以客体对象为量表要素，二是以客体的真实性特征为量表要素。

（1）以客体对象为量表要素

这种方法以旅游吸引物（景观）为感知单元，用专家法、头脑风暴法或现场提问筛选法抽取具有代表性的景观作为感知测量要素。廖仁静等（2009）通过提问"最能体现夫子庙历史文化的核心景点是哪些（19 个选项）"甄选出秦淮河、牌坊、乌衣巷、孔庙、江南贡院、工艺品等 9 个要素，从而归纳出针对客体要素的两类活动——仿古观光、购物休闲是游憩者体验夫子庙历史真实性的主要途径。高燕和郑焱（2010）通过头脑风暴遴选出 27 项凤凰古城景观真实性感知的要素，包括民族服饰、民族歌舞表演、石板街、苗银饰品等，然后对居民和游客分别测度重要性感知和真实性感知，最后运用 IPA 分析法，得出针对居民的景观真实性改进序列和针对游客的景观真实性改进序列。

（2）以客体的真实性特征为量表要素

这种分解方式将真实性感知测量的量表要素抽象为与客体的真实性相关的某些特征，如古朴性、完整度、久远性等，这些特征由专家、研究者预设为可解释或可体现真实性。冯淑华和沙润（2007）以婺源为例，认为真实感由古建筑真实感和生活文化真实感两部分构成；古建筑真实感包括历史久远性、核心区风貌完整性、建筑装饰古朴性、居民环境协调性等；生活文化真实感包括原有居民的保有率、原有生活方式的延续性、居民的自豪感、居民的参与性等，依此制作量表进行真实性感知测量及其影响因素的研究。Sedmak 和 Mihalic（2008）将旅游吸引物的真实性要素分解为自然环境保有度、文化遗产展示的地方性、地方建筑的典型性、饮食服务的独特性等，请受访者对吸引物的特征进行重要性评价。这种以客体特征作为感知量表要素的研究设计，相比直接以旅游吸引物为测量要素的方法，更加注重主体可感知到的真实性，加强了主、客之间的关联。

因此，以"要素分解"为主要方式的量化研究，着眼于客体要素和属性的拆分，预设好题目，用李克勒量表直接打分，通过数理统计分析手段来比较真实性感知的程度，或进一步探讨其与旅游动机、满意度、忠诚度的关系，进而找出影响感知的前导性因素和后致结果之间的关系（表2-4）。这种量化的方式主要是从"外显"的角度，而不是"内隐"的角度来研究真实性感知，在研究预设的量表下主体无形中处于被动感知的状态，因此结论难以获取旅游者真实性体验的过程特点和整体信息，具有局限性。在旅游发生过程中，主体未必按照预先设定好的维度和过程进行自我感知，因此需要探索自发性的基于过程分析的真实性感知测度方法，在这方面质性研究则显示其优势。

真实性感知量化研究方法及研究问题　　　　　　　　表2-4

主要方法	代表文献	研究问题
IPA法	高燕和郑焱（2010）	对居民和游客测度重要性感知（I）和真实性感知（P），分别针对居民和游客得出不同的真实性景观改进序列
方差分析法	戴永明（2012）；Waitt（2000）	游客的年龄、教育水平、收入水平、停留时间等对真实性感知的影响
聚类分析法	廖仁静等（2009）	历史街区真实性感知的客体要素提取，真实感知的实现途径研究
结构方程模型（SEM）	冯淑华和沙润（2007）；徐伟和王新新（2011）；Zhou等（2013）	真实性感知要素分类，真实性感知与前导性因素（基本动机、文化动机、态度等）和后致结果（游客满意度、忠诚度等）之间的关系

2.4.2.2　叙事归纳——质性研究

笔者将田野调查中以组建叙事文本、解释和归纳其意义为主要手段的方法概括为"叙事归纳类"的质性研究方法，它受建构主义和符号互动主义范式的影响。这种类型的方法一般借助访谈、参与、焦点小组等具体手段来实现，典型特点是让受访者用自己的语言来描述体验的感受，被试群体是主动的表达方，而不是被动的应答方；获得的叙事资料用内容分析法进行归纳分析，当前已经有NVivo、Max QDA等分析软件被应用于真实性感知的测量（Di Domenico & Miller，2012；Kim & Jamal，2007；Peters，Siller & Matzler，2011），用来协助分析和解释叙事资料。

"叙事归纳"在真实性感知测量中的应用十分广泛，相对于要素分解侧重量化研究,"叙事归纳"则是质性研究的典型方法。Kim 和 Jamal(2007)通过历时两年对节庆 TRF(Texas Renaissance Festival)的参与性观察,在露宿点和节庆现场进行了深入访谈,录音并转译了受访者的叙事内容,然后运用 NVivo 软件对资料进行存储、整理、分类,最后形成包含"个体中感知"和"个体间感知"等 9 个子类的真实性感知框架,与以往研究结果不同的是对于大多数受访者而言,服装、饰品等外部景观对于真实性的体验来说并不是十分重要的因素,而与在节庆活动体验中的自我与他人的关系有着最密切的关联。Cole(2007)亦通过对印度尼西亚长达 10 年的研究(1989~2000 年),运用参与性观察、访谈、焦点小组等方法研究居民对地方的价值观、真实性感知和优先权态度,证明当地居民认为旅游并没有削弱真实性,而是带来了一种地方骄傲感、认同感。

另外,互联网的发展使社会科学将真实性感知作为一种虚拟的田野调查场所(virtual field work site),学者 Mkono(2012)使用"在线民族志法"(netnography)来研究真实性感知。他通过收集旅游者的网上在线评论进行研究,这些评论是以一种自由意愿的方式来撰写的,可以代表旅游者对文化真实性感知的自我阐述,通过反复识别(read)这些网络数据,阐释了旅游者对真实性的强烈追求及真实性感知和旅游体验之间的关系。

真实性感知质性研究方法及研究问题 表2-5

主要方法	代表文献	研究问题
参与性观察(paticipant)	Kim & Jamal(2007),Peters等(2011);Martin(2010)	真实性感知的分类和构成框架,影响真实性感知的相关重要因素分析
深度访谈(interview)	Cole(2007);Di Domenico & Miller(2012)	利益相关者(居民、旅游经营者)的真实性感知和地方的态度
在线民族志法(netnography)	Mkono(2012)	不同群体真实性感知的程度,真实性感知和旅游体验之间的关系

因此,"叙事归纳"最大的优势是体现了对真实性感知本身的分析和测量,是让受访者主动的叙述状态或过程,而不是从供给方的角度被动挖掘真实性感知;运用参与性观察、深度访谈、在线民族志等方法,探索真实性的构成、真实性感知的多样性、不同利益群体感知的异同等问题(表2-5)。同时,这类"叙事归纳"的方法在应用过程中需要注意避免陷入缺乏理论内容支持的文本数据分析或理论与方法间未能彼此协调的误区。

总结来说,以上两类方法各有优势和局限,量化测量真实性感知是运用"要素分解",结合 IPA、聚类分析、方差分析、结构方程模型等分析方法,并辅以定性分析;在技术方面,主要借助 SPSS、LISREL 等统计软件来处理数据关系。质性研究真实性感知的方法基本遵循"叙事归纳"的特点，对文本的处理亦辅以定量分析；在技术上，主要运用 NVivo、Max QDA 等质性软件进行内容分析。定量研究的局限性在于：主体对于每个因素的感知的总和不等同于整体真实性感知；测量对象的理性判断不一定就是客观准确的；以回答量表的形式收集个体的感受依赖于信效度的论证。质性研究的局限性在于：调查研究配合难度大；选取样本容量相对较小；调研易受情感因素干扰。量化研究和质性研究是相对的，可以综合交叉运用，定性和定量也没有绝对的优劣，在真实性感知测量的具体应用中，应该扬长避短。

2.4.2.3 质性和量化方法拓展

真实性感知的研究发端于社会学科，未来研究方法的拓展可从社会学的研究范式和方法中汲取更多能量，在质性和量化两个研究维度上都应进一步地拓展，目前可以借鉴的研究方法如下：

（1）质性方法拓展

记忆调查（memory work）是将体验质量的记忆记录下来作为原始资料，由研究者和受访者共同合作，完成收集、分析、理解以及理论建构的过程（Small, Harris, Wilson & Ateljevic, 2011）。受建构主义范式指导，记忆调查的焦点是获得主体如何建构自身旅游体验，反映了对人类心理活动、意识活动的现象本质的关注（McGuire, 2010）。

隐喻抽取技术（Zaltman metaphor elicitation technique）是一种以图像为媒介，结合深度访谈，了解主体潜意识想法和感觉的方法（Zaltman, 1997）。一般步骤是：第一，要求受访者根据主题寻求他们认为能够代表特定主题的图片，作为视觉隐喻（visual metaphor）；第二，进行深度访谈探索视觉隐喻背后隐藏的构念，呈现被试的心智地图（mental map），发掘对事物深层的想法和感觉；第三，确认关键的构念与论述；最后建立共识地图（consensus maps）。

体验凸现法用于测量不同时间、地点体验质量的变化。大多采用的是体验取样技术（experience sampling method），让受访者携带通信工具或影像设备，在特定时间、空间记录下精神状态，获得原始数据并分析，此方法证明了体验的动态性，且这些变动可以在不同维度上被测量。

（2）量化方法拓展

未来的研究可以从以下几个关于体验过程的感知测量方法中寻找可鉴路径。一个是净服务质量模型（net service quality model，简称 NSQM），是划分过程的测量方法，主要从感知过程的内在价值维度考虑；另一个是关键事件描述（critical incident technique）的测量方法，此方法更像是一系列任意编排的叙事脚本（余向洋等，2006）。

净服务质量模型（NSQM）研究了旅游者体验的过程性变化，提出对一个体验对象的评估包括3个内在的价值维度：格式塔式的总体感觉和印象（emotion）、功能的评估（practice）及理性的判断（logical），再加一个总体满意度S，因此就将游客的感知建构为4个维度EPLS。每个维度再进行细分，用李克勒量表让旅游者对具体项目的感受进行打分。

关键事件技术（CIT）是通过收集故事或对关键事件的描述，利用内容分析法进行分类的工具。所谓关键事件是指被受访者多次提到或者优先提到的事件。由于CIT是对旅游者的描述提供合理的解释而不是引导旅游者进行回答，因此这是研究旅游体验的合理方法。当然该方法也有弊端，主体的感知会随时间变化，关键事件具有暂时性。

2.4.2.4 真实性感知测量方法趋势

目前对真实性感知的测量存在借鉴多种学科、多种范式并存的特征。对真实性感知的主要研究方法包括定量为主和定性为主的方法，并且越来越呈现出两者整合的趋势（如图2-4）。范式和方法之间并不存在一一对应的关系，范式的更替通常缓慢，而方法则随着科技的发展推陈出新，一种方法也可能受到多种范式的影响；在范式的引导下，方法逐渐走向成熟，在范式的进化中，方法进一步革新。

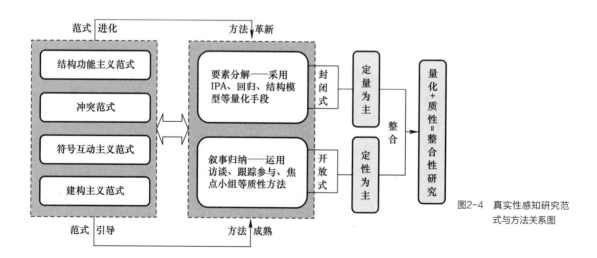

图2-4 真实性感知研究范式与方法关系图

真实性感知测量方法整体上呈现从间接到直接、从要素论到整体观的趋势，在进一步发展量化模型分析技术的同时，需引入有价值的质性研究方法，来弥补定量研究无法解决的问题，当前的重点是开拓量化和质性相结合的"整合性研究方法"。回观对真实性感知的界定，从对客体要素的识别，到对感知心理过程的探索，研究的视角已经实现从"他位观"（Etic）到"本位观"（Emic）的重大转变。所以对真实性感知测量的研究需要从以下几个方面入手：（1）注重主体真实性感知的过程性；（2）重视研究范式中理论与方法之间的协调性；（3）借鉴其他学科促进真实性感知测量方法的更新。

2.5 本章小结

本章全面论述文化遗产真实性及主体真实性感知的概念、理论、学术认识过程、框架体系等问题，最后聚焦于本文的研究对象即真实性感知（perceived authenticity），其本质是讲体验的真实，具有复杂性，既因人、因时而异，又是多维度体验的集合，以王宁（Wang, 1999）提出的客体导向的"客观真实性""建构真实性"和主体导向的"存在真实性"为一种被广泛采纳的理论基础。客观真实性从他位观渐转向主位观，它既包括对历史真实的感知，也暗含着对于遗产表达的舞台真实的感知；社会建构的真实性，从主客互动的角度体现为逐渐发展的真实和述行真实性等方面；存在真实性对于不同的主体，表现为生活的真实和自我的真实。

基于社会学范式研究方法的分析，本章归纳了真实性感知量化和质性研究的诸多典型方法以及未来整合性发展的研究趋势，为接下来的研究打下理论和方法基础。本书将会依据对象的不同特点拟尝试质性和量化相结合的整合性研究方法：（1）对居民的感知研究，以往多是从表意识出发没能探求到更深入的层面，本文用扎根理论引入隐喻抽取技术（ZMET），来挖掘居民潜意识层次的真实性感知特点和要素；（2）对游客的感知测量，已有文献提出了一些探索性的模型，本文尝试运用结构方程模型法（SEM）来改进和优化，以求突破已有模型解释的不足，构建和验证基于发生过程的真实性感知规律，在前沿性的基础上更具科学性和有效性。

第3章 基于ZMET技术的居民真实性感知研究

本章基于隐喻抽取技术（ZMET），以历史文化名镇南翔镇为例，剖析历史城镇居民对其生活地域真实性的感知和认识，探究居民感知背后的深层价值观念，从而揭示社区居民对遗产地价值认识的多要素性、多层次性的内部生成过程。

3.1 居民真实性感知研究进展

在历史城镇的保护和利用过程中，"文化真实性"和主体"体验真实性"是一对矛盾共生体，文化真实性是前提和基础，体验真实性依托文化真实性；而居民作为历史城镇最重要的活态载体，本身既承载着历史城镇原生态的地方文化，又有着他们对于地域变迁过程的真实体验。以往文献从消费者角度对游客真实性感知的研究占很大比重（Kim & Jamal，2007；Bryce，Curran，O'Gorman & Taheri，2015），而对于生活在历史城镇中的社区居民的感知特征的研究相对较少，已有的研究主要从以下几个方面展开：

（1）影响居民真实性感知的社会因素。亚文化特征如居民年龄、文化认同（卢天玲，2007）、居住年限（张文萍，2014）、居民价值观、经济获益、优先权态度等因素都被证明对真实性感知具有影响（Cole，2007；Croes，Lee & Olson，2013）。

（2）居民真实性感知的构成要素。廖仁静等学者从游憩者角度[①]将真实性感知途径分为文化体验和娱乐休闲，并细化为古建筑、风貌、民间手工艺、特色小吃等感知要素（廖仁静等，2009）；高燕和郑焱（2010）将凤凰古城景观真实性感知的要素概括为民族服饰、歌舞、石板街等，并基于居民感知效果提出古城景观真实性改进序列。

（3）居民真实性感知与社区参与的关系。居民在社区参与旅游服务的过程中获得的真实体验（Di Domenico&Miller，2012；魏雷等，2015），是一种基于个体身份之上的文化实践，表演性真实是其主要表现形式之一（Zhu，2012），它反映居民对个人记忆、意义与物理环境的整合，是在与真实世界持续互动的行动中构建起来的个人体验（McIntosh & Johnson，2004）。

目前对居民真实性感知的研究偏重从外部差异性视角切入，探讨不同亚文化特征对感知结果的影响，然而对居民感知群体的"内部共性"和"发生过

---

① 游憩者中包含了当地居民和外地游客，详见文后参考文献。

程"的探索还较薄弱。一是研究方法的局限,大多数是通过结构化问卷调查或者非结构化访谈而完成的,结构化问卷设计受研究者主观限定因素影响较多,而传统的访谈容易停留在表意识的层面;二是研究内容的局限,侧重于居民真实性感知对象的客体要素,而对真实性感知内在的构成维度和形成机制的研究较缺乏。因此本研究试图在已有研究基础上借鉴社会心理学的方法,以求对研究论题从方法和内容上有所突破。

3.2 研究设计与原理

3.2.1 研究的理论基础

(1) 扎根理论

扎根理论(grounded theory),是一种质性研究方法,在哲学思想上属于后实证主义的范式。扎根理论指的是在收集和分析资料的基础上归纳出相关的假设和推论,最初由美国学者格拉斯(Glaser)和斯特劳斯(Strauss)于 1967 年《扎根理论的发现》中提出来的。在此基础上,斯特劳斯和柯宾(Corbin)发表《质性研究入门:扎根理论研究方法》,对扎根理论再次进行整理和解释。斯特劳斯等人对扎根理论的解释是:通过系统的收集和分析资料之后衍生而来的理论,资料的收集、分析与最终形成的理论之间具有密切的关系(斯特劳斯,柯宾,2001)。

扎根理论一般不进行先入为主的理论假设,而是借助一手资料的收集、分析再结构化为理论。需要注意的是扎根理论强调的不仅是某种理论,而是形成、建构、发现某种理论的方式、思路和过程;也不仅需要对事实的调查,更需要理论提升;同时,提出的理论假设,必须是从调研资料中分析产生的。目前在科学研究中,多采用"先叙事、后解释"的方式进行扎根理论的阐释和报告。

(2) MEC 理论

MEC(means-end chain)即手段-目标链理论,由 Gutman 等在 1982 年提出,是为了更好地分析和阐述消费者的消费行为,以心理学为观察视角,将价值观与消费者购买的产品属性建立关联,提出手段-目标链的相关模型,从而呈现消费者对于产品的心理认识(Claeys, Swinnen & Vanden, 1995; Gutman, 1997)。手段-目标链条的组成包括:属性 A(attribute)、结果 C(consequence)和价值观 V(value)等几个递进的不同层级(图 3-1)。对于消费者而言,其目标就相当于 V,即实现自身价值观;取得价值的途径是 A,即产品的属性;而消费产生的结果 C 则是联系 V 和 A 这两者的中间过程环节。

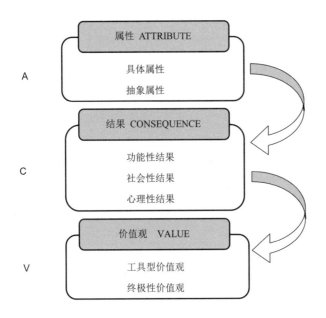

图3-1 手段-目标链理论层级构成图

MEC 理论模型覆盖 3 个层面的心理等级,反映整个消费决策的过程。同时,属性、结果和价值观反映消费者对产品认知不同层次的内容,它们之间的联结就构成了认知结构(cognitive structure)。对于内容和结构的梳理,相当于建立了消费者对于产品的心智模型(mental model),在分析用户需求,梳理产品功能及利益点,确定市场定位等方面适用。

为了找出属性、结果、价值观之间的概念和联系,研究者常用的重要手段是攀梯术(laddering)。攀梯术是一种有效的深入访谈(in-depth interview)技术。在深入访谈中使用探询(probing)手段,挖掘人们如何利用某些概念来组织他们对于某事物的想法以及这些概念之间的关系(Reynolds & Gutman, 1998)。攀梯术常结合手段-目标链理论,帮助研究者了解消费者是如何在产品属性、结果和价值观之间产生有意义的联系,从而分析得出影响消费决策的因素。每条 A—>C—>V 链被称为一条梯子,深入访谈的过程就是通过探询问句(例如,"为什么那对你来说很重要?""那对你意味着什么?")逐渐从 A "攀向" V 的过程。

本书为了研究遗产地居民的真实性感知问题,需要探寻主体真实性感知的关键要素、心理过程和感知结果,因此引入隐喻抽取技术(ZMET)进行真实性感知数据挖掘,其前提是基于扎根理论和 MEC 原理,并且在隐喻抽取的过程中,运用攀梯术进行深入访谈,最后以共识地图的方式呈现遗产地居民真实性感知的一般性规律。

3.2.2 隐喻抽取技术原理

隐喻抽取技术（Zaltman Metaphor Elicitation Technique）是一种质性研究方法，由塞特曼（Zaltman）1995年提出的，他认为主体将外部讯息和既有的记忆、认知、情感、社会情境和刺激混杂在一起，重新创造个体感知的"意义"（Zaltman & Coulter, 1995）；因此他提出如果以图像为媒介，以视觉隐喻（visual metaphor）和想象为依据，结合深度访谈，就不仅是探索主体的表层意识，而是能够进一步探索其潜意识的思想和感觉，这种方法可以引导受访者呈现不同思维层面上的感性与理性"意义"，进而探求感知和体验的"本质"。

隐喻抽取技术（ZMET）的一般原理是：要求受访者根据主题寻求他们认为能够代表特定主题的图片，作为视觉隐喻；在此基础上进行深度访谈，探索视觉隐喻背后隐藏的构念，进而呈现受访者的心智地图（mental map），发掘其对待事物的深层想法和感觉；接下来确认关键的构念与论述，建立共识地图（consensus map），地图反映了驱动人们思考和行动的主要构念，构念之间的联结就代表其互动的关系（Zaltman, 1997）。在研究之前先不进行理论假设，而是带着研究问题，从原始资料中直接归纳出概念和命题，再上升到理论层面。这种方法需结合半开放式的深度访谈，要求收集资料详细而深入。

本研究之所以引入该方法作为真实性感知的测量方法，是因为隐喻抽取技术探索的是其他方法难以探测到的潜意识层面，它以视觉隐喻和想象为基础，引导人们说出在不同思维层面的理性与感性意义，所以不光是在表意识上产生共鸣，更能与潜意识的意义产生深层次联结，进而探索真实性感知的起点、过程和终结构念。

3.2.3 研究方法及步骤

隐喻抽取技术（ZMET）一般包含以下几个步骤：

（1）访谈前的准备（preparation）

正式访谈一般在准备工作的7至10天后进行。访谈资料由受访者自行收集，不受研究者驱使、诱导和控制，受访者可以自由表达任何想法。收集资料的要求是：在严格选定要访谈的对象后，以书面或邮件的方式告知他们工作步骤，请他们了解研究主题，然后请大家寻找最能够表达该主题的8~10张图片，自行拍摄或者绘画，也可以从其他途径获得，比如网络、书籍、报刊等，并要求受访者对研究主题进行思考，为深度访谈做好准备。

（2）深度访谈（in-depth interview）

隐喻抽取技术在创造之初，深度访谈的步骤包括以下10个方面（Zaltman & Coulter，1995）：

步骤一：讲故事（story telling）。根据受访者搜集的代表特定主题的8~10张图片讲述自己的想法。

步骤二：遗失的影像（missing images）。受访者描述无法找到的图像，讲述想要表达的意义。

步骤三：分类整理（sorting task）。按照受访者的想法将图片分类。

步骤四：构念抽取（construct elicitation）。运用攀梯术，引导受访者说出构念与构念之间的关系。

步骤五：代表性图像（most representative photo）。受访者选出最符合主题、最具代表性的图片。

步骤六：相反的影像（opposite image）。请受访者描述与主体相反的影像。

步骤七：感官影像（sensory images）。请受访者描述主题相关的感官影像。

步骤八：心智地图（mental map）。请受访者绘制地图用以描述与主题相关的构念。

步骤九：总结影像（summary image）。根据现有图片，创造一个总结性影像传达重要构念。

步骤十：小短文（vignette）。请受访者以一段话描述重要构念。

（3）确定核心关键构念（central constructs）

这一过程要求研究者对所有访谈资料进行笔录、转译和文本分析（可借助质性分析软件），寻找出关键构念，这个步骤最好是有2位以上训练有素的访谈人员进行分别的编码和抽取，再对比和协商以提高效度，最后分析和归纳关键的构念。

（4）建立共识地图（consensus map）

研究者根据每一个受访者心智地图中的构念，建立共识地图（consensus map）。共识地图精度通过设定截断值（cut-off）确定，即舍弃一些连接频度过低的概念，一般抽取1/6到1/3的受访者产生的共同构念为标准，形成共识地图，使其能够恰当地解释大多数受访者多数时间的想法。共识地图包含驱动人们思考和行动的主要构念，构念之间的联系代表属性、价值之间的互动关系。

3.2.4　样本选取及调研过程

本研究采用ZMET质性研究方法，使用的是小样本访谈。在样本选取的过程中，尽量在年龄、性别、教育程度、职业等维度上保持平衡。针对南翔古镇的居民选取的样本数是 15 个（见表 3-1），调研工作由南翔文化部门协助完成。

居民受访者基本资料一览表　　　　　　　　　　　　　　　　表3-1

居民受访者					居民受访者				
编号	性别	年龄	受教育程度	职业	编号	性别	年龄	受教育程度	职业
A	女	35	初中	个体户	I	男	30	专科	教师
B	男	28	专科	图书员	J	女	32	高中	个体户
C	女	25	高中	个体户	K	女	31	研究生	教师
D	男	35	本科	会计	L	男	40	专科	公务员
E	女	18	高中	学生	M	男	42	高中	个体户
F	男	18	高中	学生	N	女	37	本科	公务员
G	女	56	专科	退休	O	男	27	专科	个体户
H	女	26	本科	公务员					

确定受访人群后，请他们填写受访者基本信息表，包括年龄、性别、职业、受教育程度等。邀请受访者思考研究主题：哪些事物最能代表南翔古镇的原真文化？认真思考之后，请自行选取（拍摄、网络、杂志等途径）能代表该研究主题的 8～10 张图片。

访谈在给出研究主题一周后进行。研究采用分散式的访谈方式，每个访谈者持续大约 1 小时左右的时间。完整的隐喻抽取技术需要包含 10 个步骤的全方位访谈。鉴于本项研究主要目的是抽取居民对古镇的真实性感知要素及其隐含的原因，考虑到受访者的学历层次和访谈疲劳限度，最后采取关键性的 5 个步骤，即：

（1）请受访者根据提供的 8～10 张图片讲故事（storytelling），即以口述的方式，围绕主题描述选取该图片的原因、想法和感觉。

（2）讲述在寻找过程中想找但没有找到的图片（missing images），表达关于研究主题的想法及感受。

（3）请受访者对图片进行分类（sortingtask），并说出分类的理由和意义。

（4）构念抽取阶段（construct elicitation），运用攀梯术，引导受访者说出前面几个环节提出的真实性感知构念以及构念之间的关系。

（5）选出最能代表南翔古镇真实性感知的图片（most representative photo），并解释其原因。

在 ZMET 的 5 个步骤中，重点和难点是构念抽取阶段，其结果的好坏取决于抽取技术的运用，即攀梯术的运用。攀梯过程中，越往上攀难度越大，攀得越高，越接近终结构念，层次越抽象，则离受访者的个人价值观越近。需要技术员有上有下，控制好谈话，要注意不要替受访者说出概念。遇到困难和卡壳的状况，可采用的技巧有：（1）情境唤起：通过让受访者假想、回忆（生活）情境，引起他（她）的思考；（2）假设缺失：引导受访者思考假如古镇（或某个节点）缺失了真实性，会产生什么感受；（3）反面攀梯：当受访者表达不出某种原因时，可以询问他（她）不做某些选择的原因；（4）时间倒流：引导受访者去思考过去的真实感和现在的状况有何不同，进而表达内心的观点；（5）重述鼓励：用复述被访者话语中的关键点来鼓励和引发进一步的询问和讲述。除此以外，在访谈中，需注意情绪的沟通和访谈的礼貌，访谈结束后的认可和反馈。

在完成前置工作、访谈、构念抽取之后，由研究者对搜集到的图像和录音资料笔录、整理，运用质性分析软件 Nvivo 编码、关联，完成真实性感知关键构念的提炼，呈现真实性感知的共识地图。

3.3 居民调研数据分析

3.3.1 影像主题

在隐喻抽取的过程中，影像就是隐喻的起点，故事具有隐喻功能，通过起始构念的延伸和想象，渐渐引出构念和构念之间的关系。研究者在访谈过程中运用攀梯术努力找出受访者影像背后的隐喻，抽取出隐藏在思考和行为下的构念，引导受访者更准确地表达真实性感知和体验。

在这个阶段，15 位受访者共提供了 109 张图片，8 个遗失的影像，表达了最能感受到南翔古镇原汁原味特色的多个主题，涵盖主要的历史文化景点（如图 3-2），共 117 个主题（有相似和重复的影像，同类合并后共 31 个主题），并对图片分类。这些图片来源于受访者自拍或从书刊杂志和网络下载，从表 3-2 可以看出 15 位受访者心中关于真实性感知的影像主题，这些主题代表了他们的起始构念。

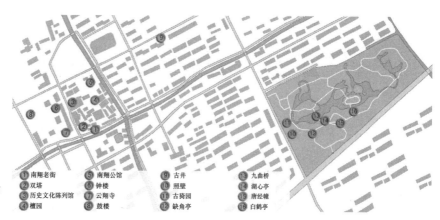

图3-2 上海南翔镇主要历史资源分布图

① 南翔老街　⑤ 南翔公馆　⑨ 古井　　⑬ 九曲桥
② 双塔　　　⑥ 钟楼　　　⑩ 照壁　　⑭ 湖心亭
③ 历史文化陈列馆　⑦ 云翔寺　⑪ 古猗园　⑮ 唐经幢
④ 檀园　　　⑧ 鼓楼　　　⑫ 缺角亭　⑯ 白鹤亭

居民受访者讲述影像主题汇总表　　　　　　　　　　表3-2

编号	影像主题	数量
A	水乡夜景、湖心亭、店铺、老街、古猗园、南翔小笼、古井、双塔、云翔寺、生活场景	10
B	南翔小笼、郁金香酒、古猗园、缺角亭、九曲桥、大草坪、小笼节、檀园、白鹤亭	9
C	老街、天恩桥、云翔寺、双塔、小笼文化节、古猗园、白鹤亭、照壁、檀园、南翔小笼	10
D	南翔小笼、双塔、云翔寺、天恩桥、夜景、古猗园、荷花、翠竹	8
E	双塔、古猗园、云翔寺、南翔小笼、小笼制作场面、政府大楼	6
F	天恩桥、双塔、檀园、老街、南翔小笼、云翔寺、缺角亭	7
G	云翔寺、古井、老街、灯笼、汤圆、古猗园、缺角亭、檀园	8
H	古猗园、南翔小笼、云翔寺、老街、檀园、双塔、缺角亭、石像	8
I	古镇夜景、古猗园、云翔寺、南翔小笼、老街、天恩桥、木船、唐经幢	8
J	老街、古猗园、九曲桥、双塔、竹文化节、白鹤亭、南翔小笼	7
K	夜景、云翔寺、南翔老街、郁金香酒、双塔、南翔小笼、缺角亭、古井	8
L	云翔寺、古猗园、竹文化节、白鹤亭、南翔小笼、老街、羊肉面	7
M	南翔小笼、水乡夜景、老街、白鹤亭、缺角亭、双塔、历史文化陈列馆	7
N	缺角亭、老街、古猗园、云翔寺、南翔公馆、双塔、南翔小笼、古井	8
O	古猗园、天恩桥、檀园、老街、南翔小笼、汤圆	6

3.3.2 感知客体分类

通过对起始构念的总结，依照每位受访者展现的古镇真实性感知隐喻影像分类，笔者将居民的共同感知客体归纳为非物质类和物质类（见表3-3），大类又分为5个小类，表中列出的是至少2位受访者提及的初始构念。

真实性感知客体分类表　　　　　　　　　　　　　表3-3

感知客体分类		感知要素
非物质类	饮食	南翔小笼、郁金香酒、汤圆
	节庆	小笼节、竹文化节
物质类	古街市	老街、古镇夜景
	标志建筑	双塔、云翔寺、缺角亭、天恩桥、古井、九曲桥、白鹤亭
	古园林	古猗园、檀园

除此之外，有些要素还包含细分要素，在访谈中被提及，例如"古猗园"相关的构念，受访者除了提及缺角亭、白鹤亭、九曲桥等，还提及照壁、大草坪、湖心亭等元素；再如在老街相关的构念中，受访者提及了传统店面、灯笼、木船、店面旗、羊肉面等感知元素；在檀园相关的构念中，受访者提及了漏窗、挑檐、白墙等感知元素。由于这些细分要素被提及的次数较少，在建立共识地图的过程中不予表现，但也是真实性感知的有效组成部分。

3.3.3 构念呈现

构念是研究者通过攀梯术确定的受访者对主题的想法和看法。构念是用以表达和捕捉意念的标签，简单明确地总结受访者的想法，绘出心智地图。为提高构念呈现的信效度，也为避免研究者在收集和整理资料过程中，因主观或单一视角造成的偏颇，需要至少2位训练有素的访谈者认定受访者的录音和转译资料，提出构念的编码，最终确定构念。

在研究资料的分析过程中，发现诸多类似或重复的受访者图片、故事和构念，随着受访人数的增加，新增的构念的数量越来越少。图3-3是受访者的构念一致性趋势图，说明受访者提供的构念具有内在一致性。而且从第6位开始，构念的增加就非常缓慢，这也说明在ZMET的研究方法中，小样本研究的有效性，随着人数增加，新增的构念趋于零。

为便于阅读，下面呈现A-G受访者的影像和主旨构念，A-G受访者的构念包含了90%的受访者构念，因此从中可以看出大多数居民寻找和选择影像的过程以及构念的形成（见表3-4~表3-10）[①]。

---

① 此处表中所有图片均由课题调研组提供。

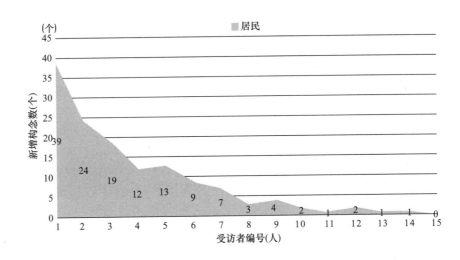

图3-3 居民受访者构念一致性趋势图

受访者A真实性感知影像、构念及分类　　表3-4

影像	叙述构念关键词	受访者分类
	夜景、街灯、美丽、周末、闲暇、散步、放松、愉悦	整体风貌
	老街、小桥流水、河道、近年修整、古老特色、记忆、享受、愉悦	
	古猗园、古典、环境好、引以为豪、开心、愉快	
	湖心亭、公园、亭子、改建、大假山	
	店铺、生活气息、翻新、感觉挺好、效果好	

影像	叙述构念关键词	受访者分类
	南翔小笼、出名、美食文化、生活回忆、地方发展	饮食文化
	古井、蓄水池、古老文化、传说、生活回忆、历史象征、老房子、居民、历史悠久、保护	
	双塔、独特、历史的标志、建筑文物、承载生活回忆、见证地方发展	标志性建筑
	云翔寺、悠久、改建、烧香、民俗活动、宗教文化场所、精神提升、内心愉悦	
遗失影像	南翔镇很久以前的老照片，里面有表现过去生活场景的内容	

受访者B真实性感知影像、构念及分类　　　　表3-5

影像	叙述构念关键词	受访者分类
	南翔小笼、非物质文化遗产、知名度、航空食品	饮食
	郁金香酒、进补、优质产品、历史悠久、特产、取材、制造工艺	
	古猗园、环境优美、旅游发展、地方传统文化、历史悠久、文化特色、修复、历史的积淀、人民生活、休憩、健康快乐	
	缺角亭、抗日战争、人民、愤怒、缺东北角、团结、抵抗、民族精神	建筑景观
	九曲桥、古猗园的中心、弯弯曲曲、美丽、风景	

影像	叙述构念关键词	受访者分类
	大草坪、晨练、老人、做操、跳舞、唱歌、树荫、放风筝、玩乐、愉快	建筑景观
	檀园、私家园林、修复、假山、亭子、文化氛围、加重细节、有意义、再现历史、象征历史	
	南翔小笼节、旅游、主题灯会、文化特色、近年发展繁荣、热闹、交流、参与	节庆
遗失影像	白鹤亭,象征以前的古老历史和白鹤南翔的传说	

表3-6 受访者C真实性感知影像、构念及分类

影像	叙述构念关键词	受访者分类
	天恩桥、文物古迹、石刻、承载历史、象征地方发展	早期古老建筑
	云翔寺、最古老的寺、日常活动、老人记忆、净化身心	
	双塔、历史文物、整体风貌、和老街连成一片、见证地方复兴、古今交融	
	老街、改建、修整、再现历史风貌、周末休息、活动丰富、设施齐全	重新修复建筑
	南翔小笼文化节、旅游发展、热闹、地方兴旺发达	

续表

影像	叙述构念关键词	受访者分类
	古猗园、私家园林、开放、扩建、民族精神、标志着历史、游人云集、交流、身心恢复、高兴、祥和	重新修复建筑
	白鹤亭、南翔的传说、象征南翔历史、建筑小巧、美丽	
	檀园、文人园林、复建、展现历史、地方名人	
	南翔小笼、口味纯正、驰名、国际合作、地方的龙头、每年办文化节、热闹、高兴、愉快	饮食文化
遗失影像	照壁，"白鹤南翔"的传说，昔日南翔寺的壮观景象	

受访者D真实性感知影像、构念及分类　　表3-7

影像	叙述构念关键词	受访者分类
	南翔小笼、百年历史、知名度高、蜚声海内外、味道鲜美正宗、热闹、愉悦	特色小吃
	双塔、历史文物、环境改善、保护、历史感、地方的象征、标志	悠久文明
	云翔寺、烧香、拜佛、吃斋、庙会、内容丰富、祥和宁静、身心焕发	
	天恩桥、文物古迹、古老历史的象征	历史古迹
	夜景、古朴美丽、粉墙黛瓦、标志性景观、广场、浓厚的历史韵味、令人心旷神怡	

续表

影像	叙述构念关键词	受访者分类
	古猗园、环境很好、老年人常去、办月票、健身、跳舞、打球、闲逛、身心放松、快乐幸福	特色景点
	荷花、盛开、生长很好、别有风味	
	翠竹、当地文化、绿化好、赏心悦目	
遗失影响	无	

受访者E真实性感知影像、构念及分类   表3-8

影像	叙述构念关键词	受访者分类
	双塔、和谐、反映南翔发展、亲近、兴旺、历史的象征、现在环境好、休闲空间、老街店铺、石凳、生活场景、朴实	建筑与环境
	古猗园、岩石、树、植物、假山、竹子、环境好、喜欢、聊天、感觉蛮好、交往空间、经常去、身心放松、人文气息、旅游发展、地方自豪感	
	云翔寺、扩建、老照片展示、生活的记忆、愉快的童年	
	政府大楼、立面是白鹤飞翔的造型、反映南翔文化	现代建筑
	南翔小笼、霓虹灯、生意好、著名、喜欢、童年回忆、老人、聊天、交流、其乐融融	特色餐饮
遗失影像	南翔小笼的制作过程、笑意盈盈、制作过程、热闹场面	

受访者F真实性感知影像、构念及分类　　　　　　　　　　　　　　　表3-9

影像	叙述构念关键词	受访者分类
	云翔寺、南翔八景、庙会、活动丰富、聚会、高兴	古建筑
	缺角亭、"九·一八"事变、补阙亭、收复失地、铭记历史	
	双塔、北宋砖塔、文化遗产保护、古迹、历史遗存	
	檀园、明代私家园林、修复、再现千年历史	
	老街、古老传说、历史文脉、旅游促进地方发展、节庆热闹、愉悦身心、喜欢	
	天恩桥、历史文物、嘉定第一桥、天恩赏月、人文景观	桥梁
	南翔小笼、历史悠久、闻名	饮食
遗失影像	无	

受访者G真实性感知影像、构念及分类　　　　　　　　　　　　　　　表3-10

影像	叙述构念关键词	受访者分类
	古猗园、生态环境好、锻炼身体、呼吸新鲜空气、陶冶情操、放松心情、感受历史文化氛围	整体景观
	檀园、重新修复、历史的再现、古色古香	
	云翔寺、十分有活力、经常去、放松心情	

续表

影像	叙述构念关键词	受访者分类
	老街、色彩、古老、小店铺、特色、历史感、节假日热闹、平时安静、活动、聊天、身心放松	整体景观
	缺角亭、抗日纪念、历史事件、民族精神、历史见证	局部景物
	古井、济生井、亭子、解说牌、古老、地方发展见证	
	汤圆、逛街、感觉蛮好、老字号、地方特色	
	灯笼、旗子、古色古香、老街特色	
遗失影像	无	

3.4 共识地图建立

3.4.1 构念抽取

构念可分 3 类：第一类是起始构念，即居民真实性感知的对象和客体，也就是视觉隐喻所体现的主题；第二类是连接构念，即居民对客体的认知和体验结果；第三类是终结构念，即这些体验背后体现出来的真实性感知的关键性内部要素（见表 3-11）。3 类构念形成的链条就相当于手段 - 目标价值链中的"属性 - 结果 - 价值"链。

Zaltman（1997）指出纳入共识地图的构念一般是 1/3 以上的受访者提到的，构念与构念间的关系一般有 1/4 以上的受访者提到。为涵盖更多的构念，研究选取的是 1/4 的受访者提到的构念和 1/6 的受访者提到的构念与构念之间的关系（谢彦君等，2009，2010），根据该原则，抽取出需要纳入共识地图的构念（表3-12）。

居民真实性感知构念类型　　　　　　表3-11

构念	手段-目标价值链	居民真实性感知
起始构念	属性	居民真实性感知的对象和客体
连接构念	结果	居民对客体的认知和体验结果（效果）
终结构念	价值	居民真实性感知的关键性内部要素

居民受访者构念频次　　　　　　表3-12

名称	频次	名称	频次	名称	频次
身心愉悦	15	双塔	10	事件	6
历史象征	15	修复	9	白鹤亭	5
南翔小笼	14	文物	8	夜景	5
地方发展	13	活动	8	传说	5
老街	12	著名	8	天恩桥	5
古猗园	12	美丽	8	旅游	5
云翔寺	11	缺角亭	7	古井	4
古老	11	檀园	6	节庆	4
环境好	10	纯正	6		

3.4.2 居民共识地图

通过以上步骤，最后将每位受访者的心智地图叠加，选取重合构念，绘制出居民对古镇的真实性感知的共识地图（如图3-4）。从图中可以看出居民的真实性感知由3个深层次的终结构念组成，包括历史象征（N=15）、地方发展（N=13）、身心愉悦（N=15）。终结构念是共识地图中心智地图共享的、相互关联的多重构念里最为凸显的构念，这些终结构念代表真实性感知的内在关键要素及其生成机制。

（1）历史象征

居民的真实性感知构念中提及最多、与真实性主题关联最直接的构念就是"历史象征"，其中包括与物质文化遗产相关联的构念（老街、古猗园等），还有与非物质文化遗产相关联的构念（南翔小笼等）。无论是古猗园还是老街、双塔都被认为是传统建筑和园林的技术与艺术的象征，居民用"很久以前就有的""是很古老的"等与之相关联；与南翔小笼相关联的构念也被多次提及"历史的象征"；缺角亭的设计表现了保护家园的民族精神，还有其他非物质文化的工艺传承和发展等，都引发了当地居民内心的真实性感知。例如：

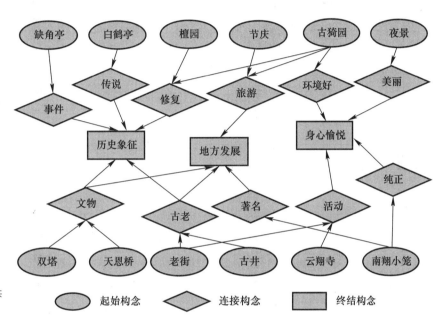

图3-4　居民真实性感知共识地图

"这幅图是云翔寺，它在很久以前就有了，后来历经几朝几代又被翻新过，是一种历史象征……"

"……选择这幅图，是因为小笼挺出名的。至今已有100多年历史了，20世纪80年代起就向日本和加拿大等国家和地区出口。上海城隍庙也有店，还进驻了世博园，外国人也来吃，闻名海内外。还有'南翔小笼节'，它象征南翔的历史文化，推动文化向前发展。"

"这幅图是缺角亭，在抗日战争时期，人民为表达愤怒，便建造了这个缺东北角的亭子。其他的三个角设计为紧握的拳头，以此来表达民族团结和抵抗侵略的爱国之心。这种奋勇的民族精神即南翔人的骄傲和自豪，也让我们像前辈们一样将这段历史铭记。"

（2）地方发展

对居民来讲，历史城镇生活空间的演变是他们经历的一部分。历史文化的"历时性"和"共时性"在这里体现得非常明显。很多受访居民找到的图片都表达了这里曾经发生过的，并与自身成长发展相关联的故事。这些地方不光具有历史感和认知层面上的"久远"与"传统"，更重要的是它们承载着居民的地方记忆，承载着成长的回忆，也见证了地方和个人的发展历程。现在某些历史空间被复兴并发展旅游，经济发展为居民带来了实惠，当地的兴旺发达更增强了他们的地方自豪感。例如：

"这幅图是在霓虹灯的点缀下南翔（镇）的夜景，特别好看。从南翔馒头店里的灯火可以看出里面的生意挺好的，蛮热闹的。南翔最著名的还是小笼包，越来越多的店面起来了，南翔人喜欢吃，因为它饱含着老年人童年的记忆。现在每天旅游量也很多，专门来吃小笼，听听当地人聊南翔的过去及现在的发展，互相交流、其乐融融、很有气氛……"

"……随着旅游的发展，宣传了南翔的当地文化特色，让更多的人来了解南翔。而且老街历史悠久，可以让我们了解那个时候的特色文化。现在科技是发展了，但我们也要懂得回忆老一辈传统的文化，看到古镇兴旺发展的同时，要保护和留存那个时候独特的历史记忆。"

"古井象征古老文化，老人都说上面的亭子其实是个大蓄水池，很早前就有了，好久不用了。旁边的老房子，现在开商店了，虽然没有解说牌不过还住着居民；历史挺悠久的，虽然是不知名的小文物但它是老人生活的回忆，是南翔文化和发展的见证，应该好好保护。"

（3）身心愉悦

居民的真实性感知基于两个层面，既包括基于认知（cognitive）的构念，又包括基于情感（emotional）的构念。如果说"历史象征"是基于"认知"层面的话，那么"身心愉悦"的构念就是基于"情感"层面的真实性感知。受访者多次提到在环境没有改造之前，文物静态孤立的保护利用方式，使居民的真实性体验相对单一，只是认知层面上觉得是文物；而现在老街的复兴、古猗园空间的整修都使得居民的真实性感知变得多元，既有"认知"层面的历史真实感，也有"情感"层面的生活真实感。例如：

"……从旁边的岩石等看出古猗园的历史悠久，周围的环境也比较好，树、植物、假山、竹子……修剪得很好。平时人也蛮多的，喜欢在亭子里面聊聊

天,感觉蛮好。南翔人以前都比较有隔阂,现在交往空间增加了,交流增加了,有了人文气息。在里面逛身心得到放松,心情愉快,自己也蛮经常去的。"

"老街周边的店铺都发展起来了,旁边还有一个休闲的角落,增加了人与人之间的交往,有很多石凳,不管是来老街走走还是和朋友一起谈天说地都让人感到身心愉悦……双塔和老街显得特别和谐,反映了南翔的发展,以前双塔只是个文物,比较肃杀,人不可以亲近,现在周围环境非常好,变成了一个休闲放松的空间。"

3.4.3 真实性感知构成机制

从共识地图中可以看出,"历史象征"主要表现在物质、非物质遗产信息的"可信",是其真实的历史带给居民的真实感;"地方发展"是遗产的再利用使得古镇兴旺发展,知名度提高,增加了地方渐进发展的真实感;"身心愉悦"则表现的是居民日常生活和游憩中的体味和乐趣,例如小笼虽然也为游客服务,更是居民日常的生活滋味,古猗园既承载地方历史文化,又充满生活的艺术。

从终结构念到真实性感知理论构成机制的提炼,需要理论化分析的过程,下面分别从视觉隐喻的内容及视角、对真实性的感知标准及真实性的最终感知效果3个方面进行分析和凝练(见表3-13)。

居民真实性感知构成机制　　　　　　　　　　　　　　　　　表3-13

终结构念	分析角度	居民真实性感知理论提炼	真实性感知构成
历史象征	从视觉隐喻的内容及视角	居民最直接的真实性感知来源于历史城镇遗产客体的历史感及其象征意义,如对缺角亭的历史渊源大部分居民都特别强调,故第一层面是基于历史文化遗产客观认识的真实性感知	历史真实性 (historical authenticity)
地方发展	从对真实性的感知和判断标准	居民对当地历史演进更新发展过程的真实性持肯定态度,可接受恢复建造的古园林及被修复的部分老街,甚至是带有历史文脉元素的个别新建筑,故第二层面是基于地方发展的相对的真实性感知	发展真实性 (developmental authenticity)
身心愉悦	从真实性感知的效果	居民是历史城镇的生活主体,其真实性感知还来源于参加各类节庆、游憩活动,给他们带来的文化体验和精神享受,故第三层面是基于居民参与的、愉悦生活的真实性感知	生活真实性 (living authenticity)

从视觉隐喻的内容和视角来看,历史城镇居民的真实性感知首先是对历史本身的感知,将此理论提炼为"历史真实性"(historical authenticity),例如:

双塔、天恩桥等文物古迹带来极强的历史真实感。这和遗产保护领域对真实性的客观认识是相符合的，居民也会相应地产生基于客观历史的真实体验。从对真实性的感知判断标准来看，居民可以接受历史不断更新和发展的真实过程，并持较宽容的真实性态度。例如，被修复的李流芳私家园林檀园虽为复建，但居民仍感受得到其真实性，笔者将该"真实性"归纳抽象为"发展真实性"（developmental authenticity）。这和Cohen（1988）提出的"渐进真实性"（emergent authenticity）具有相似的理论内涵，即都是基于相对的、发展的视角来审视主体对于客体的感知及主客之间、人与地方之间互为建构的真实性。从感知的最终效果来看，居民在历史城镇获得的身心愉悦的独特文化体验和感受是居民真实性感知的最终归宿。例如，云翔寺和老街经常举办各种文化节庆活动，使得居民不仅从中感受到文化的真实性，还获得了独特的精神体验，其表现形式为居民日常"生活真实性"（living authenticity）。

通过以上分析，得出居民的真实性感知是一个包括"历史真实性 - 发展真实性 - 生活真实性"的3位一体的"多维度"感知模型（图3-5）。居民真实性感知的3个维度之间又是相互影响、互为促进的。从"共识地图"（图3-4）可以看出，有些起始构念和连接构念既导向"历史象征"的构念，也同时导向"地方发展"和"身心愉悦"。从图中几个最主要的"梯子"看，例如南翔老街，"老街 - 古老 - 历史象征""老街 - 活动 - 身心愉悦"；再如"古猗园 - 修复 - 历史象征""古猗园 - 旅游 - 地方发展""古猗园 - 环境好 - 身心愉悦"等，从这个意义上，研究可以得出居民真实性感知的3个维度之间的相互影响关系。"历史真实性"对"生活真实性"的正向影响关系在"共识地图"中有所体现，也就是说居民在历史城镇进行日常生活或游憩的时候，除了地方历史氛围带来的"历史感"外，加载在空间中的活动亦为居民带来身心的恢复和放松，使他们获得日常"生活真实性"。"发展真实性"包含两个方面：一是历史城镇的居民的地方感或自豪感；二是居民社区参与经济发展带来的满足感。前者来源于地方悠久的历史和承载地方居民集体记忆的古老空间，而后者的这种满足感成为居民日常生活的一部分，并在生活真实性维度上得到体现。

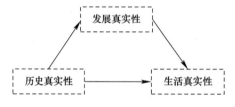

图3-5 居民真实性感知维度及影响关系图

3.5 本章小结

本章通过运用隐喻抽取技术（ZMET），剖析历史城镇居民真实性感知的多维构成机制，包括"历史真实性-发展真实性-生活真实性"3个维度，而不仅是单一的物理空间视觉认知模式。居民的真实性感知是对遗产价值认识的多要素性、多层次性的内部生成过程，其内部构成维度之间又彼此影响、互为促进。该研究的现实性在于通过居民真实性构成机制的最终呈现，反观历史城镇的保护和旅游发展应始终以遗产资源真实性保护为先，尊重当地的历史文脉、居民生活习俗；同时亦应认识到加强历史与现代对话对于活态的遗产的重要意义。应重视地方居民的集体记忆、真实感知和体验，在推动社区参与决策，在历史、科学、艺术价值保护的基础上，凸显出历史城镇演进过程中的社会价值和文化价值，以寻求历史城镇可持续发展的合理路径。

第4章 基于SEM的游客真实性感知测量

上一章探讨了居民真实性感知的多维构成，本章着眼于遗产体验的另一主体——游客，运用结构方程模型法（SEM），以上海南翔古镇为例，探索同一地域环境下，游客对不同层次真实性的理解及其内在作用机制，为后续探索居民与游客之间的相互作用关系提供依据。

4.1 游客真实性感知模型回顾

在国内外的文献中，关于游客真实性感知的测量大部分是将真实性作为整体变量来考量它的影响因素（Sedmak & Mihalic，2008；Waitt，2000），或将真实性作为前置/后置/中介变量来考虑。关于游客真实性感知的测量模型，分为以下3类：（1）真实性感知作为自变量，测量因变量（体验、满意度、忠诚度、经济花销等）与它的关系（徐伟，王新新，2011；邓永成，2011）（如图4-1，图4-2）；（2）真实性感知作为因变量，测量自变量（旅游动机、文化背景）与它的关系（廖仁静等，2009）（如图4-3）；（3）真实性感知作为中介变量，测量旅游动机对旅游体验和满意度（或忠诚度）的作用（冯淑华，沙润，2007；Kolar & Zabkar，2010；Zhou et al.，2013）（如图4-4，图4-5，图4-6）。这3种研究类型，核心都是研究真实性感知与相关变量的关系，探求在遗产体验过程中的作用机理和方式。

徐伟和王新新（2011）从真实性感知和游客行为意向出发，构建游客真实性感知与游客满意、行为意向关系的理论模型（如图4-1）；将真实性归纳为客观真实性感知、建构真实性感知、后现代真实性感知和存在真实性感知4个维度，运用结构方程模型进行假设、验证和分析。研究结果表明：4类真实性感知均直接影响游客的满意度；存在真实性感知对忠诚度有直接影响作用；游客满意度和忠诚行为之间存在正向影响关系。

邓永成（2011）通过旅游消费者心理探讨游客真实性感知，以上海朱家角古镇为例，根据符号能指表达图像形象，所指表达的是概念

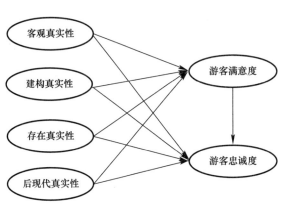

图4-1 真实性感知作为自变量的模型一（徐伟，王新新，2011）

和心理形象，从而获得两个真实性感知的变量：图像真实和概念真实。进一步解析图像真实和概念真实（如图4-2），将图像真实分解为3个维度：旧物图像真实、虚构图像真实、历史图像真实；将概念真实解析为3个方面：事实概念真实、假设概念真实、年代概念真实。并通过回归分析，验证真实性感知的6个构面对游客满意度的正向影响作用。

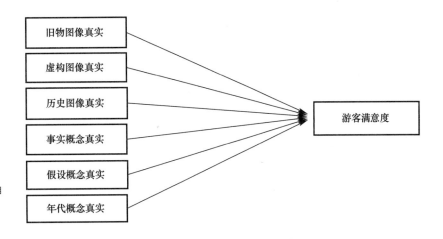

图4-2 真实性感知作为自变量的模型二
（邓永成，2011）

廖仁静等（2009）从南京夫子庙历史街区的游憩者动机入手，推测游憩者真实性感知的期望；通过游憩者对夫子庙历史建筑的客观性感知和对整体历史风貌的认可程度，构建真实性感知的研究模型（如图4-3）。研究结果表明：夫子庙历史街区的游憩者动机包括文化体验和娱乐休闲，他们对夫子庙的客观真实性整体把握较为准确；这些游憩者虽然知道夫子庙实际保留的古建筑并不多，但仍认为夫子庙体现了明清建筑风格的游览区。

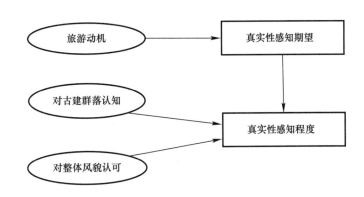

图4-3 真实性感知作为因变量的模型
（廖仁静等，2009）

冯淑华和沙润（2007）从游客感知角度，建立了"真实感-满意度"测评模型，用定量的方法探讨游客真实性感知与游客满意度、忠诚度的正向影响关系（如图4-4）。模型由古建筑真实感、生活文化真实感、古村落真实度、游客满意度、游客忠诚度 5 个构面和 16 项测评指标组成，以江西婺源为案例验证模型，验证表明因果关系显著，模型可接受。

图 4-4　真实性感知作为中介变量的模型一（冯淑华，沙润，2007）

Kolar 和 Zabkar（2010）从文化遗产旅游的管理角度，提出基于消费者的真实性感知模型（如图 4-5），并将真实性感知作为游客文化动机和游客忠诚度之间的中介变量。研究结果表明：游客文化动机是客观真实性和存在真实性的重要前置变量和因素，且真实性感知进一步影响游客忠诚度，以此探讨文化遗产的旅游管理策略。

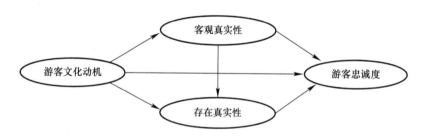

图 4-5　真实性感知作为中介变量的模型二（Kolar & Zabkar, 2010）

Zhou 等（2013）基于中国传统文化思考的基础，提出中国书法艺术的真实性感知模型（如图 4-6），旨在研究游客的态度对真实性感知有怎样的影响。研究结果表明：公众忽视了传统文化对真实性感知的影响，导致游客因过于关注旅游客体而忽略了从中国书法艺术中寻找真实体验；因此，目前游客还停留在对文化遗产旅游浅层次的体验之中。

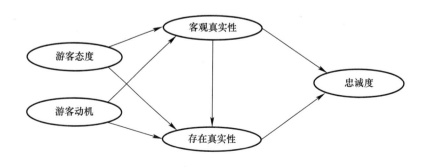

图 4-6　真实性感知作为中介变量的模型三（Zhou et al., 2013）

综上所述，通过对游客真实性感知模型的回顾和分析，真实性感知对旅游体验质量的影响,主要反映在旅游满意度、忠诚度和消费意愿3方面,而许多研究已经表明,真实性和满意度直接正相关;满意度和忠诚度也直接正向相关(见表4-1)。可见,真实性和满意度、忠诚度的关系已经被广泛证实,并无太多争议,而对于真实性感知的内部多维度间深层次的研究却较为缺乏,仅有少数研究者进行了尝试。邓永成(2011)以朱家角古镇为例,分别探索图像真实和概念真实对游客满意度和旅游体验的影响,但是没有对两类真实的内部作用机理进行讨论;徐伟和王新新(2011)的研究虽涉及4种真实性感知的类型,分别考量4种真实性感知类型与满意度、忠诚度的关系,但没有测量和研究4种真实性感知之间的关系;Kolar 和 Zabkar(2010)提出客观真实性对存在真实性有正向影响关系(路径系数为0.37);Zhou 等(2013)进一步证实了这种关系(路径系数为0.78)。因此,本研究接下来尝试探索基于过程的游客真实性感知模型,以论证客观真实性和存在真实性之间的相互作用机制。

游客真实性感知测量模型相关因素表3   表4-1

研究者	研究案例	研究对象	具体方法	真实性感知	相关因素						结论
					文化背景	旅游动机	真实体验	忠诚度	满意度	消费意愿	
Waitt(2000)	中观	游客	量表问卷+方差分析	▲	▲	▲					亚文化特征对真实性感知的影响
Chhabra等(2003)	微观	游客	量表问卷+因子分析+相关性分析	▲	▲					▲	真实性感知对旅游消费的影响
田美蓉(2005)	微观	游客	量表问卷+因子分析	▲	▲				▲		真实性感知正向影响游客满意度
冯淑华,沙润(2007)	中观	游客	问卷量表+因子分析+回归分析+结构方程	▲				▲	▲		建筑和生活真实感对游客满意度、忠诚度呈现正向影响
邓永成(2011)	中观	游客	量表问卷+方差分析+回归分析	▲	▲	▲			▲		真实体验和真实性感知对满意度有正向影响作用
Kolar,Zabkar(2010)	中观	游客	量表问卷+因子分析+结构方程	▲		▲		▲			真实性感知是旅游动机和忠诚度的中介变量
徐伟,王新新(2011)	中观	游客	量表问卷+结构方程	▲				▲	▲		真实性感知对游客满意度和忠诚度呈正向影响
Ramkissoon & Uysal(2011)	中观	游客	量表问卷+结构方程	▲		▲					动机、真实性感知、收集信息行为、目的地意象等4个因素对文化行为意图的影响

4.2 概念模型与变量选取

4.2.1 理论基础

旅游领域对真实性感知的探索，概念众多，有客观真实性、建构真实性、后现代真实性、存在真实性等；这些概念分别从不同视角、不同层面展开讨论。由于旅游体验的复杂性，不同角度和类型的真实性感知也可能存在于同一次旅游体验中（Chhabra，2012；Hughes，1995；Lau，2010；Steiner & Reisinger，2006）。客观真实性指的是建立在对客体真实性认识论基础上的主体旅游体验（Wang，1999。）存在真实性指的是游客借助旅游客体寻找本真的自我（an existential state of being），其实是指人们对生命真实感的追求（Wang，1999；Kim & Jamal，2007）。存在真实性与客观真实性的不同在于它是从存在论的角度而非认识论的角度界定主体的真实性感知，触及旅游的本质，那就是发现自我，回归本我（潘海颖，2012），将游客短暂地诗意栖居在大地上。只要游客在目的地舞台上寻找到真实的自我，旅游体验就是真实和诗意的（杨振之，胡海霞，2011）。而后现代主义真实性倾向于在旅游地及时娱乐和消遣，真假界限十分模糊或者无所谓真假，从某种意义上讲不属于文化遗产真实性感知讨论的范畴。另外，建构真实性认为旅游中真实的体验和旅游客体的真实性是互为建构的，它与前三者分属于不同的逻辑层面，包含主体、客体、介体、时间4个维度，所以建构真实性是从更宽、更高的层面解释真实性的产生、建构、演变、延续的理论。

由此可见，访问者主体的真实性感知是客观真实性、存在真实性及地方体验（Lowenthal，1975）结合的共同体（Buchmann，Moore & Fisher，2010），这取决于旅游中的参与性互动过程，即客观真实性和存在真实性体验的发生情况或者实现方式；Knudsen 和 Waade（2010）将这种实现方式（performance）界定为述行真实性，它和客观真实性、存在真实性共同存在于旅游体验过程中，并且是后两者的中间过程。这是在社会学建构主义范式下进行的新的理论探索，指的是旅游经营者通过旅游设计、场所装置等对真实性的"表述"，引导游客真实体验的"行为"；这种述行真实性主客体间不仅是表达和接受的关系，也是通过各种手段，营造氛围，吸引参与、体验互动的综合行为完成过程。游客、相关组织者（旅游机构、地方政府、事件管理者）都参与了这个过程（Knudsen & Waade，2010）。因此，本书在游客的真实性感知测量研究中，选择了客观真实性、述行真实性和存在真实性3个构面，并将其含义归纳如下（见表4-2）。

游客真实性感知3个构面的含义　　　　　　　　　　表4-2

真实性概念	真实性含义
客观真实性 Objective authenticity	客观真实性指的是建立在对客体真实性认识论基础上（an epistemological experience）的主体体验（Wang，1999）；是一种基于真实的遗产、艺术或工艺品等客体的主体知识性（experience of knowledge）的体验（Kolar & Zabkar，2010）
述行真实性 Performative authenticity	旅游经营者通过旅游设计（tourism designs）场所装置（site-specific devices）等对真实性的表述，引导游客真实的体验（Knudsen & Waade，2010）
存在真实性 Existential authenticity	游客借助旅游客体寻找本真的自我（an state of being），其实是指人们对生命真实感的追求（Wang，1999）；在异地的文化和时间背景下，产生的娱乐和逃逸（enjoyment and escape），找到自我的体验（experience of true self）和感觉（Kolar & Zabkar，2010）

4.2.2　模型假设

旅游的本质是追求自我的存在真实性（杨振之，胡海霞，2011），而旅游的真实性体验离不开客观真实性的作用和影响。在客观真实性对存在真实性的作用过程中，述行真实性起到了中间键的作用（Knudsen & Waade，2010）。因此，研究在回顾了真实性感知的相关文献基础上，构建关于文化遗产真实性感知的客观真实性、述行真实性和存在真实性概念模型（如图4-7）。该模型包括1个外生潜变量，即客观真实性，和2个内生潜变量，即述行真实性和存在真实性。模型有3个假设路径，每个假设路径表示潜变量之间的因果关系。客观真实性和存在真实性已经被证明存在正向影响关系（Waitt，2000）；但是也有研究发现其直接关联性并不显著（Kolar & Zabkar，2010），原因是两者之间还存在未被证明的中介变量。述行真实性包括2个维度：（1）亲身体验产生对他者环境的理解；（2）对外部环境的情感反映，通过身体感知的状态反映空间隐喻的作用。前者基于认知层面环境刺激对主体的影响，后者基于情感层面的在场体验对主体获得存在真实性感知的影响。因此，本研究拟证明和检验述行真实性是影响真实性感知的中介变量；提出真实性感知模型的3个理论假设如下：

H1：客观真实性对存在真实性有正向影响关系；

H2：客观真实性对述行真实性有正向影响关系；

H3：述行真实性对存在真实性有正向影响关系。

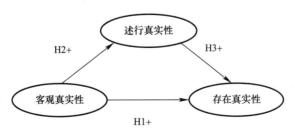

图4-7　游客真实性感知概念模型

4.2.3 变量选取

客观真实性、述行真实性和存在真实性是概念模型中的 3 个潜变量，不能对其进行直接测量，必须通过合理的观察变量来进行测量。在借鉴了客观真实性、述行真实性和存在真实性相关文献的变量指标基础上（见表 4-3），选取 3 组观察变量，共 16 项测量指标。需要注意的是在 SEM 的分析中，观察变量必须是反映型指标（reflective indicators）。潜在变量是因，观察变量是果，模型箭头应由潜变量指向观察变量。反映型指标的选取应遵循 3 个特点（Kline，2005）：（1）构面（construct）用反映型指标的概念源于单一构面原则；（2）指标之间可以相互交换且具有相同的信度，也就是可以用一个观察变量去取代另一个观察变量；（3）同一个潜变量的观察变量之间要中度或高度相关。

游客真实性感知指标因子回顾　　　　　　　　表4-3

研究者	研究对象	指标
Kolar, Zabkar（2010）	历史遗产	客观真实性：建筑总体风格、景观信息、建筑内部装修及陈设；存在真实性：对遗址的深入了解、和历史事件人物产生关联、活动安排、独特的氛围体验，安静祥和的氛围，感受到人类历史文明的进程
Sedmak, Mihalic（2008）	历史遗产	自然环境保有度、文化遗产展示的地方性、地方建筑的典型性、饮食服务的独特性
冯淑华，沙润（2007）	古村落文化遗产	古建筑真实感：历史久远性、核心区风貌完整性、建筑装饰古朴性、居民环境协调性；生活文化真实感：原有居民的保有率、原有生活方式的延续性、居民的自豪感、居民的参与性；古村落真实度：总体真实性度、感知和期望
高燕，郑焱（2010）	古城遗产	古城景观真实性感知：民族服饰、民族歌舞表演、石板街、苗银饰品等
廖仁静等（2009）	历史街区	古建筑群落、整体风貌、古代历史文化、民间手工艺品、特色小吃、各种专卖店
徐伟，王新新（2011）	古村落文化遗产	客观真实性：自然环境保护程度、古建筑保持原有风貌程度、名人遗迹的真实性、文物的保护程度；建构真实性：居民的语言、居民生活保有原有方式程度；后现代真实性：原本子虚乌有的景观的融入、仅供休闲或娱乐的目的、新建筑与其他建筑的协调性；存在真实性：释放自己的某种心情、乐于同他人交谈古村落、向往体验古村落生活的程度
McIntosh, Prentice（1999）	城市文化遗产	景点真实性、活动真实性、建筑真实性
戴永明（2012）	古村落文化遗产	客观真实性：总体布局印象深刻、整体景观、房屋的建筑风格、房屋独特的装饰和家具陈设、店铺设计有地方特色、旅游商品有地方特色、特色餐饮；存在真实性：体验独特的民俗活动、观察当地居民生活、了解古村落历史文化、感到乡土气息浓厚、触发对历史和文明的思考、了解文化、精神体验、感到商业气息浓厚

通过对游客真实性感知理论、构面的设置和指标选取的回顾，本研究的量表开发和制定还考虑了统计分析的精简原则，以最少的变量数取得最大的解释力；变量的多少影响问卷的长短，应避免冗长，且应设计10分钟以内的时间范围，最终确定了本研究3个潜变量的指示性指标（见表4-4）。客观真实性借鉴冯淑华、沙润等的研究，设置5个观测变量，即"我感觉遗产地整体上给人历史悠久的印象；我感觉景区自然生态保持良好；我觉得建筑及环境风貌具有完整性；我觉得室内设计及布置具有独特性；我感觉景点风格具有典型地方特色"（冯淑华，沙润，2007；Sedmak & Mihalic，2008；Kolar & Zabkar，2010）。述行真实性的观测指标根据Knudse和Waade（2010）等的研究，抽取5个观测变量，包括"参与节庆事件让我觉得充满活力；各类现场活动使人产生情感共鸣；有趣的场地信息让我增长了知识；媒体宣传使人产生丰富联想；移步换景让人心情受到感染"。存在真实性的测量指标是依据Kolar和Zabkar（2010）、徐伟和王新新（2011）等相关研究，设定"我感受到相关历史典故和人物个性；我感受到宁静与祥和的氛围；我感受到当地文明的发展进程；我感觉释放了自己的心情；我感觉获得了独特的精神体验；我感觉暂时忘记了世俗生活"6个观测变量。为了保证借鉴指标的翻译信息的准确性，并减少文化理解差异，研究邀请有英语背景的专业人员进行中英双向互译，以减少误差。

游客真实性感知观察变量指示性指标 表4-4

潜变量	指示性指标	指标参考
客观真实性 Objective authenticity （1~7级量表）	OA1 我感觉遗产地整体上给人历史悠久的印象	Kolar & Zabkar（2010）
	OA2 我感觉景区自然生态保持良好	Sedmak & Mihalic（2008）
	OA3 我觉得建筑及环境风貌具有完整性	冯淑华，沙润（2007）
	OA4 我觉得室内设计及布置具有独特性	Kolar & Zabkar（2010）
	OA5 我感觉景点风格具有典型地方特色	Sedmak & Mihalic（2008）
述行真实性 Performative authenticity （1~7级量表）	PA1 参与节庆事件让我觉得充满活力	Knudsen & Waade（2010）
	PA2 各类现场活动使人产生情感共鸣	Knudsen & Waade（2010）
	PA3 有趣的场地信息让我增长了知识	Knudsen & Waade（2010）
	PA4 媒体宣传使人产生丰富联想	Knudsen & Waade（2010）
	PA5 移步换景让人心情受到感染	Knudsen & Waade（2010）
存在真实性 Existential authenticity （1~7级量表）	EA1 我感受到相关历史典故和人物个性	Kolar & Zabkar（2010）
	EA2 我感受到宁静与祥和的氛围	Kolar & Zabkar（2010）
	EA3 我感受到当地文明的发展进程	Kolar & Zabkar（2010）
	EA4 我感觉释放了自己的心情	徐伟，王新新（2011）
	EA5 我感觉获得了独特的精神体验	Kolar & Zabkar（2010）
	EA6 我感觉暂时忘记了世俗生活	Kim & Jamal（2007）

4.3 游客数据收集与分析

4.3.1 数据获取

根据观察变量的选取，生成相应结构性问卷，内容包括两个部分：（1）受访者的人口统计学特征，主要有性别、来源地、年龄、职业、受教育程度、收入等，以单项选择形式设问；（2）真实性感知的 16 项测量指标，采用李克勒 7 级量表，1- 完全不同意，2- 比较不同意，3- 有些不同意，4- 没意见，5- 有些同意，6- 比较同意，7- 完全同意，请受访者打分。在发放填写问卷前，由工作人员确认受访者是否为游客，是则发放问卷，目的是区分游客和本地居民；调研地点在南翔古镇的老街人群较为集中的区域，时间涵盖周末和非周末的不同时段，以保证调研结果的信度。

为了符合 SEM 样本选取的一般原则，研究在设计样本量时综合多位统计学家的建议。SEM 是一种大样本的分析技术，因为共变异数矩阵大小的差异对样本数非常敏感，样本数不应过小。Loehlin（1992）调查了 72 篇 SEM 论文，发现样本中位数 198，因此建议样本数至少为 100；而 Iacobucci（2010）认为大于 200 更好；Kline（2005）认为 100 个样本以下的 SEM 分析是不具备说服力的；还有学者认为一般样本量至少为观察变量的 10~20 倍。因此，本次调研总共发放问卷 325 份，回收有效问卷 310 份，有效回收率为 95.4%，样本量介于 200~500 份，符合一般的 SEM 建议的样本选取和分析原则。

4.3.2 分析方法

数据收集全面后，先采用软件 SPSS 进行基础数据处理和信度分析，再运用 AMOS 对测量和结构模型进行分析。Thompson（2004）提出 SEM 研究人员在执行结构模型分析前，应该先进行测量模型的分析，因为测量模型可以正确反映研究的构面或因素；构面是 SEM 模型的一部分，如果构面不值得注意，便谈不上信度，那么构面的连接就没有意义。Brown（2006）强调由于验证性因子分析（CFA）可以提供有关于模型设定、评估的结果。所以，社会科学和行为科学对验证性因子分析（CFA）的重视程度远大于 SEM，如果检验测量模型发现适配不佳时，就要依据经验及数学模式加以修正。

因此，研究先进行验证性因子分析（CFA），采用软件 AMOS18.0 对客观真实性（OA）、述行真实性（PA）、存在真实性（EA）进行测量模型分析，去除因子荷载较低的指标项（荷载低于 0.500），筛选出 13 个测量变量（见表 4-6）。得出 3 个构面的指示性指标荷载高于 0.500，并且 P 值大于 0.050，说明在该水平上效果显著，最后进行结构模型的分析与检验；由于模型采用的是共变异数矩阵分析，数据是连续尺度并且常态分布，故采用 MLE 最大似然估计法（maximum likelihood estimation）是最佳的选择（Anderson & Gerbing, 1988）。研究显示变量数据没有极端值和缺失值，所有变量的偏态绝对值在 2 以内，峰度在 7 以内，说明观察变量符合单变量常态（Kline, 2005）。

4.3.3 样本人口统计学分析

调研选择在南翔小笼文化节期间（9 月 28 日~10 月 18 日）进行，调查的受访者性别比例基本持平（男性 52.3%，女性 47.7%）；上海本地游客约占 1/2（本地 46.0%，其他省市 54.0%）；从年龄结构来看，45 岁以下的中青年约占总样本数的 3/4（80.3%）以上，在调研中发现"十一"期间的家庭出游比例较高；大专和本科学历的被调查者居多（占总量 68.0%）；超过一半的受访者月收入在 3000 元以下（占总量 51.9%）。客源的分布与调研时间在小笼节期间涵盖了国庆假日，平时南翔古镇上没有太多外来游客，而"十一"期间有大量外地游客来参观古猗园、南翔水乡古镇风貌，品尝地道的南翔小笼（见表 4-5）。

游客受访者人口统计学特征表　　　　　表4-5

类别	项目	人数	百分比（%）	类别	项目	人数	百分比（%）
性别	男	162	52.3%	客源	上海市	143	46.0%
	女	148	47.7%		其他省市	167	54.0%
年龄	25岁及以下	58	18.7%	职业	学生	56	18.1%
	26~35岁	104	33.5%		公务员类	71	22.9%
	36~45岁	87	28.1%		公司职员	79	25.5%
	46~55岁	52	16.8%		个体经营者	48	15.5%
	56岁及以上	9	2.9%		其他	56	18.0%
学历	高中及以下	70	22.6%	月收入	2000元及以下	64	20.6%
	专科	86	27.4%		2001~3000元	97	31.3%
	本科	126	40.6%		3001~5000元	90	29.0%
	硕士	26	8.4%		5001~10000元	37	12.0%
	博士	2	1.0%		10000元以上	22	7.1%

4.4 模型分析与检验

4.4.1 验证性因子分析

4.4.1.1 客观真实性验证性因子分析

首先,对客观真实性感知构面进行验证性因子分析(CFA),客观真实性感知构面共有 5 题(见表 4-4),自由度为 5,自由度大于估计参数,模型属于过度辨识,符合模型正定的要求(如图 4-8)。

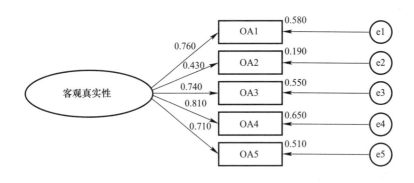

图4-8 客观真实性验证性因子分析图一

经验证性因子分析后,从图 4-9 中可以看出,OA2 的因素负荷量为 0.430,低于一般的测量模型的指标荷载标准(大于 0.500),显示该观察变量缺乏信度,为求模型精简,予以删除。从理论上来看,OA2 "我感觉景区自然生态保持良好",从南翔古镇的景观特色来看,除了古猗园,其他以人文景观为主(如云翔寺、双塔、老街等),因此这项荷载表现出较低的值(0.190)。

去除 OA2 因子后,重新进行验证性因子分析,模型仍然为过度辨识,得到"客观真实性"的测量模型(如图 4-9),包含 OA1、OA3、OA4、OA5 共 4 个观察变量。标准化系数均超过 0.700,在可接受的范围之内(Hair, Black, Babin & Anderson, 2009),残差均为正值而且显著,可见无违反估计。组成信度为 0.840,超过了 0.700 的标准,平均变异数萃取量为 0.570,大于 0.500 的标准;客观真实性测量模型 P 值为 0.130(大于 0.050),因此模型配适度在可接受范围,保留剩余 4 题作为后续的结构模型分析因子。

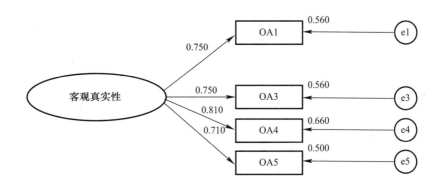

图4-9 客观真实性验证性因子分析图二

4.4.1.2 述行真实性验证性因子分析

然后，对述行真实性感知构面进行验证性因子分析（CFA），述行真实性感知构面共有 5 题（见表 4-4），自由度为 5，自由度大于估计参数，模型属于过度辨识，符合模型正定的要求（如图 4-10）。

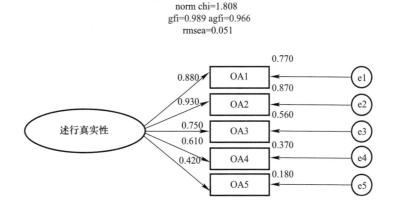

图4-10 述行真实性验证性因子分析图一

经验证性因子分析后，从图 4-10 中可以看出，PA5 的因素负荷量为 0.420，低于一般的测量模型的指标荷载标准（大于 0.500），显示该观察变量缺乏信度，为求模型精简，予以删除。从理论上来看，PA5"移步换景让人心情深受感染"，目前南翔镇双塔历史文化风貌区的步行交通格局为井字形，沿道路游线两侧呈现古色古香、水街相依的江南古镇统一风貌，游线相对单一，步移景异的效果并不明显，因此在这项荷载上表现出较低的值（0.420）。

如图 4-11 所示，去除因子荷载为 0.420 的 PA5 项后，重新进行验证性因子分析，模型仍然为过度辨识，得到拟合良好的述行真实性测量模型，包含PA1、PA2、PA3、PA4共4个观察变量。标准化系数除了PA4为0.600，其余观察变量均达到了0.700，且未超过0.950，都在可接受的范围之内（Hair et al.，2009），残差均为正值而且显著，可见符合估计。组成信度为0.880，超过0.700的标准，平均变异数萃取量为0.640，大于0.500的标准；述行真实性测量模型 P 值为0.330，远大于0.050，因此说明模型拟合非常好，保留剩余4题作为后续结构模型的分析因子。

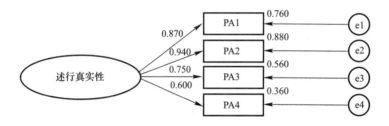

图4-11 述行真实性验证性因子分析图二

4.4.1.3 存在真实性验证性因子分析

同理，对存在真实性感知构面进行验证性因子分析（CFA），存在真实性感知构面共有6题（见表4-4），自由度为9，自由度大于估计参数，模型属于过度辨识，符合模型正定的要求（如图4-12）。

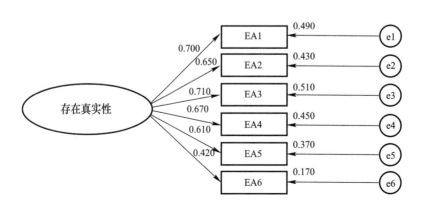

图4-12 存在真实性验证性因子分析图一

通过对存在真实性进行验证性因子分析，可以看出（图4-12），EA6的因素负荷量为0.420，低于一般的测量模型的指标荷载标准（大于0.500），显示该观察变量缺乏信度，因此为求模型精简，予以删除。从理论分析来看，EA6是"我感觉暂时忘记了世俗生活"，南翔镇的遗产资源以人文资源为主，自然景观并不突出，在"南翔小笼节"期间各类节庆活动也较为丰富，来这里的游客更多的是受到历史文化和人文气氛的熏陶，这里祥和热闹的氛围和游客心中的世俗生活也是密切关联的，因此在这项荷载上游客表现出较低的因子荷载。

最后，去除因子荷载为0.420的EA6项后，重新进行验证性因子分析，模型仍然为过度辨识，得到拟合良好的"存在真实性"测量模型（图4-13），包含EA1、EA2、EA3、EA4、EA5共5个观察变量。标准化系数除了EA5为0.600，EA2、EA4为0.660、0.680外，其余观察变量均达到了0.700，残差均为正值而且显著，可见无违反估计。组成信度为0.800，超过了0.700的标准，平均变异数萃取量为0.450，接近0.500的标准，适配度在可接受的范围内；测量模型P值为0.100，大于0.050，说明模型拟合良好，因而保留剩余5题作为下一阶段的分析。

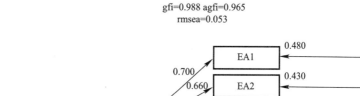

图4-13　存在真实性验证性因子分析图二

综上所述，在分别对3个构面的测量模型进行验证性因子分析后，得出游客真实性感知的结构模型，作为下一阶段的结构模型分析的构面和指示性指标的依据。

4.4.2　问卷信度与效度检验

信度指问卷测量的可靠性，反映了观测结果的稳定性和一致性，一般利用克朗巴哈（Cronbach'α）系数来表示；该系数取值在0到1之间，越接近1表示问卷数据信度越高。一般说来，Cronbach'α≥0.700，属于高信度；

0.350≤Cronbach'α≤0.700，属于中信度；Cronbach'α 在 0.350 以下则不可取。将模型中 3 个潜变量的观测变量的 Cronbach'α 系数进行计算，得出客观真实性（OA）的系数是 0.842，述行真实性（PA）的系数是 0.864，存在真实性（EA）的系数是 0.801，均高于 0.700，说明问卷测量结果具有较高的信度。接下来检测观测变量的因子荷载，其值介于 0.590～0.930 之间，都大于临界值标准 0.500，所以证明了观测变量都能较好地被潜变量解释，受到潜变量影响的强度较高，观测变量的效度十分可靠（表 4-6）。

游客真实性感知测量模型信度与效度　　　　　表4-6

变量	标准化因子负荷	标准化残差SMC	组合信度CR	平均变异萃取量AVE	克朗巴哈系数Cronbach'α
客观真实性OA	—	—	0.843	0.574	0.842
OA1　我感觉遗产地整体上给人历史悠久的印象	0.756	0.572	—	—	—
OA3　我觉得建筑及环境风貌具有完整性	0.743	0.552	—	—	—
OA4　我觉得室内设计及布置具有独特性	0.816	0.666	—	—	—
OA5　我感觉景点风格具有典型地方特色	0.711	0.506	—	—	—
述行真实性PA	—	—	0.876	0.644	0.864
PA1　参与节庆事件让我觉得充满活力	0.880	0.775	—	—	—
PA2　各类现场活动使人产生情感共鸣	0.928	0.862	—	—	—
PA3　有趣的场地信息让我增长了知识	0.752	0.565	—	—	—
PA4　媒体宣传使人产生丰富联想	0.611	0.373	—	—	—
存在真实性EA	—	—	0.800	0.446	0.801
EA1　我感受到相关历史典故及人物个性	0.695	0.484	—	—	—
EA2　我感受到宁静与祥和的氛围	0.652	0.425	—	—	—
EA3　我感受到当地文明的发展进程	0.713	0.508	—	—	—
EA4　我感觉释放了自己的心情	0.682	0.465	—	—	—
EA5　我感觉获得了独特的精神体验	0.591	0.350	—	—	—

4.4.3　测量模型分析

本研究对测量模型分析的参数估计采用的是最大似然估计法（Maximum Likelihood Estimation）。模型拟合时考虑了 3 类拟合指标（吴明隆，2010），即（1）绝对拟合指标（x^2，x^2/df，GFI，RMSEA 等）；（2）增值拟合指标（NFI，NNFI 等）；（3）简约拟合指标（PNFI，PGFI 等）。从表 4-7 中模型拟合的指标结果来看，各项指标均符合一般取值标准和要求，因此说明模型拟合十分理想。

游客真实性感知测量模型适配指标 表4-7

模型适配指标名称		取值要求	模型适配指标值
绝对拟合指标	Chi-square	越小越好	120.680
	Normed chi-square	>1，<3	1.946
	GFI	>0.900	0.944
	AGFI	>0.900	0.918
	RMSEA	<0.080	0.055
	SRMR	<0.050	0.043
增值拟合指标	TLI（NNFI）	>0.900	0.959
	IFI	>0.900	0.968
	NFI	>0.900	0.936
	CFI	>0.900	0.967
简约拟合指标	PNFI	>0.500	0.744
	PCFI	>0.500	0.769
	PGFI	>0.500	0.643

注：指标根据Hooper，Coughlan & Mullen（2008）提出的取值要求。

接下来进行模型的组合信度、会聚效度和判别效度的分析（见表4-6）。

首先，根据组合信度公式计算出各变量的组合信度分别为：0.843、0.876和0.800，Fronell 和 Larcker（1981）提出组合信度的临界标准为0.600，Hair等（2009）认为组合信度0.700是可接受的门槛，模型中各变量组合信度均符合大于0.700的标准（Hair et al.，2009）。

测量模型的会聚效度用潜变量的平均变异萃取量AVE来检验，模型中潜变量的平均变异萃取量分别为0.574、0.644和0.446，一般来说AVE大于0.500是理想值，Hair等（2009）学者也指出理想的因子负荷值是大于0.700，0.600以上为可接受，于是：

AVE=Σ因子负荷的平方/（Σ因子负荷的平方+Σ标准化残差）

因此AVE为0.360以上即为可接受（Hair et al.，2009），说明该模型的会聚效度可接受。

最后，测量模型的判别效度以两个潜变量的AVE平均值是否大于两个潜变量相关系数的平方来判断（Fronell & Larcker，1981）。经检验各潜变量两两AVE的平均值均大于该潜变量与其它潜变量的相关系数的平方，测量模型具有较好的判别效度，因此模型具有良好的整体稳定性（表4-8）。

游客真实性感知模型判别效度矩阵 表4-8

	客观真实性 Objective Authenticity	述行真实性 Performative Authenticity	存在真实性 Existential Authenticity
客观真实性 Objective Authenticity	0.574	—	—
述行真实性 Performative Authenticity	0.269	0.644	—
存在真实性 Existential Authenticity	0.358	0.373	0.446

4.4.4 结构模型分析

结构模型分析是为了检验样本与模型之间的一致性，考察依据概念模型预先提出能否得到模型测量结果支持的假设（Bagozzi & Yi，2012）。判断假设是否成立时依据标准化路径系数，该系数越大表明两个潜变量之间的相互影响关系越大，重要性也越高。通过模型检验，3个路径系数均在0.001水平上达到显著，表明3个预先假设都成立（见表4-9）:（1）客观真实性对存在真实性有显著的正向影响，路径系数为0.388，H1成立；（2）客观真实性对述行真实性有显著的正向影响，路径系数为0.400，H2成立；（3）述行真实性对存在真实性有显著的正向影响，路径系数为0.425，H3成立，路径系数均至少大于0.200（Chin，1998）所以模型的预先假设全部得到支持。

游客真实性感知模型假设检验 表4-9

假设路径	路径方向	路径系数（t-test）	检验结果
H1: 客观真实性对存在真实性有正向影响关系	+	0.388（5.520）	支持
H2: 客观真实性对述行真实性有正向影响关系	+	0.400（6.080）	支持
H3: 述行真实性对存在真实性有正向影响关系	+	0.425（6.400）	支持

每一个结构方程式中的多元相关平方值（R^2）越大，表示内生潜在变量被独立潜在变量（外生潜在变量或其余内生潜在变量）解释的变异量越高，即先前假设的理论变量的解释能力也愈高（吴明隆，2010）。结果表明述行真实性的 $R^2=0.160$，表示述行真实性可被外生变量客观真实性（OA）解释的程度为16.0%；存在真实性的 $R^2=0.460$，表明存在真实性（EA）可以被客观真实性（OA）和述行真实性（PA）解释的程度为46.0%，此时结构模型具有较佳的信度和效度。根据以上测量模型和结构模型的拟合分析，得出模型拟合良好无需

修正，因此得到最终模型（如图4-14）。

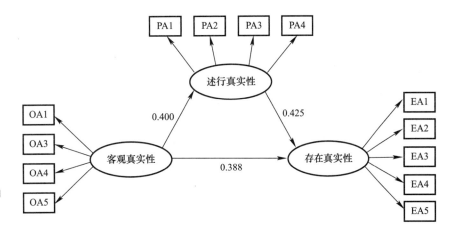

图4-14 游客真实性感知最终模型

4.4.5 Bollen-Stine P 值校正

由于 SEM 为一种大样本的分析方法，建议样本至少为 200 以上，因此往往就造成了卡方值（$X^2=(n-1)Fmin$）会过大，N 为样本数，$Fmin$ 是样本矩阵与模型期望矩阵差异的最小值。因此当样本数大的时候，卡方值就越大，P 值就越容易拒绝原假设，原假设为样本矩阵与模型矩阵是没有差异的。本研究中，游客真实性感知最终模型的卡方值为 120.680，P 值为 0.000，小于 0.050，拒绝了原假设。但是，P 值显著拒绝可能是样本数大造成的，也可能是模型确实适配不好造成的。为此，研究采用 Bollen 和 Stine（1993）提出的利用 bootstrap 的方法加以校正 P 值的方法，目的是检验模型是适配不好，还是样本量大造成 P 值显著拒绝。

Bollen 和 Stine（1993）建议执行 Bootstrap 需输入 2000 次，取得 2000 个有效样本。检验结果表示在 2000 个模型中（每一次 Bootstrap 产生一个模型），结果比原始样本资料好的有 1943 个（Bootstrap 样本卡方值低于原始样本卡方值），比原始样本资料差的有 57 个，因此 $P=(57+1)/2001$，P 值为 0.029，拒绝原假设。表明下一个出现不好的模型的概率仅为 2.9%，小于 5.0%。

因此，Bollen 和 Stine（1993）的 H_0 假设是：Bootstrap 的样本模型卡方值与原始样本卡方值没有差异，而文中模型显示 $P=0.029$（小于 0.050）拒绝了 H_0 假设，则表示 Bootstrap 样本模型卡方值与原始样本卡方值是有差异的；且从以上数据可以看出：有 1943 个模型的卡方值都优于原始样本卡方值。所以，游客真实性感知最终模型的 P 值显著纯粹是因为样本数大而造成的，可以确定得到的最终结构模型拟合良好。

4.4.6　模型分析结论

通过以上模型分析结果，可以得出以下结论：

（1）研究中客观真实性（OA）对存在真实性（EA）的影响路径系数为 0.388，对比 Kolar 和 Zabkar（2010）的真实性感知模型中客观真实性与存在真实性的路径系数是 0.370，研究结果基本一致。说明在历史城镇旅游中，游客的客观真实性和存在真实性感知不是独立的或排他的，而是可以共存且彼此影响的。可见，现代游客进行遗产旅游的基本动机除了追求怀古探幽，还有放松休闲的目的，两者并存于旅游过程中。因此决定了游客真实性感知的诉求和方式的多元，即既有基于客体真实性的感知（object-based）又有基于主体的（subject-based）自我实现的体验。

（2）客观真实性（OA）与述行真实性（PA）的路径系数是 0.400，其主要影响体现在"述"的方面，即"表达"和"阐释"；述行真实性（PA）与存在真实性（EA）的路径系数是 0.425，主要影响体现在"行"的方面，即"参与"和"体验"；述行真实性结合了"述"与"行"的过程从而揭示游客真实性感知的内在作用机制。本研究与扬州瘦西湖的真实性感知测量结果相比（吴承照，王婧，2012），瘦西湖游客的客观真实性对述行真实性的影响（0.540）大于述行真实性对存在真实性的影响（0.370）。而本研究中述行真实性表现出对存在真实性更大的影响（0.425），说明南翔古镇在现场体验和活动参与方面更加突出。南翔小笼节期间有南翔戏曲庙会、非物质文化遗产展示与互动、南翔古镇画家写生展、上海古猗园竹文化艺术节等系列活动，均在述行真实性的层面提供给游客更多生动、富有趣味的真实体验，并进一步在情感和娱乐放松的方面影响着存在真实性感知的生成。

（3）研究结论显示存在真实性的被解释程度 R^2 为 0.460，对比已有研究模型，存在真实性的被解释程度是 R^2，为 0.280（Kolar & Zabkar, 2010）。可见本研究的模型优势在于通过述行真实性（PA）的中间作用使得存在真实性（EA）的被解释程度大幅提高，这一研究结果充分验证了历史城镇旅游中的重要现象，即述行真实性（PA）对客观真实性（OA）和存在真实性（EA）具有"中介效应"。在文化遗产保护和利用过程中，往往注重审美表象的特征，而忽略了"功能行使"的能动性（翟俊，2010）。述行真实性理论强调的正是文化遗产作为吸引物的能动性，集中体现在外部信息和在场活动激发旅游者的情感共鸣（汤强，刘怡，2010）、身体活力、趣味性和联想与想象，是遗产阐释和沟通策略的植入点和实现方式。

4.5　本章小结

　　本章在游客真实性感知的内容和影响因素研究的基础上，通过结构方程模型（SEM）构建"游客真实性感知"模型，证明在游客感知中客观真实性对存在真实性具有显著正向作用，述行真实性对客观真实性和存在真实性具有中介效应。述行真实性作为主客体统一的实现方式，包含人、事、物、场、时多个要素，借助媒介叙事和在场设计对真实性有共同建构的作用；通过在游客心目中形成"意象"，在旅游过程中"解码"，产生"同化"作用，进而获得真实的体验。客观真实性在历史城镇的体验过程中起着最重要的作用，只有保护好遗产资源的真实性，才能使得对遗产信息的阐释和展示有据可依，才能提高旅游空间的述行作用，从而将遗产历史文化信息准确、生动地表达出来，使遗产的保护、认知和体验得到统一。

第5章 居民-游客互动真实性感知发生机制

本章探索"居民-游客互动真实性感知发生机制",揭示真实性感知内在规律与客体对象或活动之间的相互作用方式;尝试分析真实性感知的"真/假"维度,搭建"居民-游客"真实性感知四分矩阵,并分别分析不同类型的真实性感知在居民、游客两个群体中既分离又交融的呈现方式。

5.1 真实性感知发生机制

5.1.1 "前台-后台"真实

Golfman(1959)把社会结构划分为"前台"和"后台"。"前台"是指主人和客人会面的地方,或者说顾客与服务员会面的地方。"后台"是指在几场演出间隙,退下来休息后再准备演出的人所在的地方。若用一场演出来比喻,表演者可以出没于前台和后台,观众只能在前台。有时候,要了解真实的东西需要某种展示,在特定的条件下,很难对前台和后台进行区分,两者有时会互相转变。后台的神秘性,使得游客有时候想进入后台区域;也因此,越来越多的"后台"被设计出来成为观众可以进入的区域,也就是当游客进入后台参观时,其实是进入了另一个精心设计的像后台的"前台",是一个舞台化了的后台。为此,MacCannell(1973)将"前台-后台"区分为连续不断的6个阶段:

第一个阶段:戈夫曼的前台(Golfman,1959)。游客试图去探索、超越的区域。

第二个阶段:游客的前台。一个被装饰过,拿来展示给游客看的前台,让人联想到后台。

第三个阶段:前台。一个有组织的前台,看起来完全像后台。

第四个阶段:向外来者开放的后台。其特点就是公开。

第五个阶段:后台。是打扫干净或稍加改变的后台,偶尔允许游客进入。

第六个阶段:戈夫曼笔下的后台(Golfman,1959)。一个特殊后台空间,能激起游客的好奇心。

居民与游客在"前台-后台"的互动表现为刻意的"舞台表演"和非刻意的"彼此凝视"(Urry,1990)。例如,游客在南翔镇古猗园遇到吹拉弹唱或闲庭信步的日常居民,感受到游憩的祥和氛围,会给凝视的游客留下良好印象,引发内心的愉悦和深思,游客如果能得到这样的体验,会觉得非常的真实,那是一种自然流露出的"后台真实"。再如,周庄古镇居民真实的后台生活所透出的厚重的文化底蕴，这些恰恰是最吸引游客的，也是游客最想要接近和感受的日常事件（严国泰，2002，2005）。

"虚假的后台"比前台更具隐蔽性，往往是带着真实的面孔，这是指6个"前台-后台"阶段中的第四、五阶段。在专家眼中可能是虚假的，是一种"文化的海市蜃楼"；从游客体验的角度来看，游客虽然知道它是被"舞台化"的，但是在某种程度上依然可以获得真实性感知（Grayson & Martinec，2004；Chhabra，2003；Andriotis，2011）。

为使"前台-后台"真实性理念融入遗产空间规划中，管理者需考虑如何利用空间规划和策略使得游客感受到"前台的真实"，也就是"舞台真实"；同时，又使得居民保有地方感，也就是"后台真实"。例如，芬兰最北部的拉普兰（Lapland）是滑雪和其他冬季运动项目旅游地，当地的撒米人（Sami）过着传统的游牧生活，驯鹿是他们重要的文化象征，优美的自然环境和灿烂的传统文化是游客所向往的，驯鹿、白兰地、木屋、烤鲑鱼让游客体验真正的牧民生活，随着旅游的开发，所有这一切变成撒米人的"舞台化"展示，游客却没有不真实的体验（钟国庆，2004）。再如，Moscardo 和 Pearce（1986）研究了澳大利亚历史主题公园游客的真实性感知，这个公园保存和恢复了该国家或地区的某些传统，按照 MacCannell（1973）的定义是"不真实的"，但是研究表明游客普遍获得了真实的体验，他们认为公园精确地重现了澳大利亚的过去，并非只有原始的历史遗存才能带来唯一的真实感。

5.1.2 "居民-游客"真实性感知比较

在本书第4、5章研究成果的基础上，运用比较研究和综合分析方法，将"居民-游客"两个共生互动主体的真实性感知进行比对，找到两者之间的相互作用机理，建立互动真实性感知发生机制。

一方面，从居民和游客真实性感知的"不同之处"进行分析。

（1）居民对历史的认知更具延续性和逻辑性，而游客的感知是符号化的、片断性的。居民注重的是历史本身的文脉延续，而游客更注重历史符号的捕捉，大多数游客更关心某一文化吸引物或文化活动所代表的文化符号或形象。

（2）居民对当地历史的了解程度相对高于游客，游客倾向于对自己大脑中已经形成的宣传形象和想象进行解码和投射，期望通过更多的参与来体验历史和人文，获得文化认知并感受当地风土人情。

（3）居民注重日常生活的真实体验，在户外游憩等日常活动中体会到地方发展带来的安居乐业、身心愉悦；游客则是短暂参与和感受地方文化的真实，他们在遗产地如果只有"参观"没有"参与"则无法获得全面的真实性感知。

另一方面，从居民和游客真实性感知的"关联之处"进行分析。

（1）感知起点

居民和游客的感知起点都是基于"客体真实性"而展开的。历史城镇的客体吸引物一般包括古园林、古建筑、街市、水系、传统饮食和节庆活动等几个方面。居民和游客两个主体都是从这些物质、非物质的遗产客体为起点开始产生真实性感知。

（2）感知过程

居民和游客的感知过程其实是相互作用、共生共融的，居民的地方感来自遗产地历史的积淀和人文的传承，来源于生活记忆对于物质和非物质文化的承载；游客的真实性感知恰恰是对这种"地方感"的回应，体现在与居民的"互相凝视"（Urry，1990），舞台展示的参与、体验及交流。同时当地旅游经济的发展也为居民带来了地方自豪感，适度的商业氛围非但没有减弱居民真实性感知，反而激活了地方活力，增强了居民自豪感，因此居民地方感和游客真实感之间是彼此共生的。居民对地方最有感情，也具有更深刻的认知，无论从感情层面还是认知层面上来讲，居民的地方感都直接影响着游客的真实性感知。

（3）感知终点

居民感知中的"身心愉悦"和游客感知中获得的"独特的精神体验"，其实都是作为个体的基本需求。人们在工作之余进行游憩，使得精神放松，身心获得恢复。江南水乡古镇具有园、水、街、市等和谐的人居环境，正是为游客和居民获得这种"寻找自我"的存在真实性提供可能。

5.1.3 "居民-游客"互动真实性感知发生机制

根据本研究对于居民真实性感知构念的抽取，和游客真实性感知过程的模型验证，研究试将居民的生活空间和游客的旅游空间叠合后形成"居民-游客互动真实性感知发生机制"（如图5-1）。

（1）游客真实性感知

游客真实性感知实际上是基于遗产某一部分价值表现，结合自身体验和自省过程的感知总和。在旅游过程中，游客首先在"客观真实"层面寻求一种"符号的价值"，也就是追求符号真实性（Culler，1981），影响因素包括固有的对遗产地的先验性知识积累、在场的遗产象征性符号的输入和辨识、两者对比后的真实性期望的实现程度等。游客真实性感知可以说是基于客体的遗产，又不是完全针对遗产本身。游客最终要达到存在真实性，是受到游客接触到的前

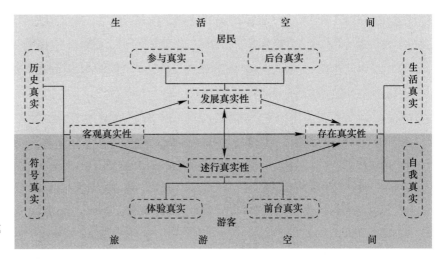

图5-1 居民-游客互动真实性感知发生机制

台真实空间及体验活动和各类信息的影响。

（2）居民真实性感知

居民真实性感知是一种对"日常生活真实"和"历史背景真实"的感知。居民的真实性感知首先是基于遗产客体的，同时居民在意它给生活带来的连绵不断的变化的现实意义，研究将这一过程归纳为"发展真实性"。居民真实性感知包括对久远的历史真实的认知、对生活文脉的记忆、真正后台生活的真实。

（3）居民和游客的真实性感知多维互动

在"客观真实"的维度，居民表现为对"历史真实"的感知，而游客则实为"符号真实"的感知，历史真实是符号真实的基础，游客倾向于在遗产地寻找带有历史线索和意义（能指）的历史符号（所指）。在"存在真实"的维度上，居民表现为日常的"生活真实"，包括通过交往、参与、交流等带来的在社会团体中的存在感，和居民自身的愉悦感；游客则表现为寻找本真的自我，实现"自我真实"，居民生活的真实感也给游客带来"个体间"的存在真实性（王宁，2007）。而居民的"发展真实性"感知，包括社区参与带来的自豪感，和对于本土地方生活的记忆等方面，居民的发展真实感越强烈，在遗产地的涉入度越高，后台的真实性就越高。这使得游客的舞台空间减少（王彬汕，2010），居民相对更容易获得真实的体验。同时游客"述行真实性"的获得也有赖于社区居民参与旅游带来的各种活动体验的真实。

综上，"居民-游客的互动真实性感知发生机制"是本研究的创新点之一，它找到居民和游客之间基于同一物质空间的真实性感知的相互作用、彼此影响的界面；突破"单向"思维模式，进行"互动性"研究。居民真实性感知和游客真实性感知在"发展"和"述行"这两个界面上，是相互作用、不可分隔的，"双向互动"表现在利弊两个方面：有利的方面是文化的交融和地方经济的推动；不利的方面是可能带来文化的异化和遗产资源的同质，甚至衰败。任何一处遗产地，都有自身的文化属性和特色，也就是文脉，延续文脉就是延续遗产地的地域文化特征。防止外来文化对本土文化的侵蚀和异化，才能在历史延长线上持续地保留地域文化的独特魅力。

5.1.4 感知的"真/假"维度

真实是相对于不真实（虚假）而言的，现代社会中的人们对文化遗产旅游的追求是由现代性本身的"虚假性"引发的。就整个社会而言，生活在"这里"矫揉造作的"虚假"，使得人们认为在"那个（某个）"地方，在另外一种生活方式下，也许存在着一个真正本真的社会。人们认为在某个未知的地方，存在着真理和真实，我们应该尽量寻找并汲取精华（MacCannell，1976）。现代社会结构的虚假性是由信息、记忆、印象和其他元素构成的，他们脱离了真实的文化要素和真实的图景，在日常生活中流传和积聚。

现代人被不断驱使去寻找真实的价值和真实的自我（MacCanell，1976），也许最终追寻的东西和现实生活中的一样，但似乎别处的就是真实的，游客觉得自己日常生活社会是虚假的。这便引发了另一个问题，就是在文化全球化、同质化的现代社会，旅行最后的结果是发现"家的真实"。旅游世界的"真"似乎总是达不到，每当去过一个景点，就被同化了，旅游是一个环线，最后的目的地就是出发的家，每个游客的真实边界就在他的家乡。所以，旅游要素的原始位置也是其最终的位置。这个世界越同质化，就越能激发人们周游世界的热情，离开家又"回到家"，好像是为了真正拥有一个家。

真实性的概念被引入社会学之初是基于二维空间的思维，包含4个前提假设（见表5-1）：（1）非真即假？在二维的空间中，真实的对立面就是虚假；在三维空间中，真、假并不是非此即彼，而是存在一个真假边界，其边界的范围取决于人们如何界定，也有学者认为区分真伪的关键，是否有商业因素的介入（MacCannell，1976），这一点根植于现代价值体系。（2）非假即真？二维

真实性的悖论　　　　　　　　　　　　　表5-1

二维空间真实性	三维空间真实性	现实意义
非真即假	存在真假边界范围	相对真实
非假即真	假的未来有可能被视为真	渐进真实
真的体验就会真实	不是所有历史留下的就有真实感	"真实-虚假"型真实感
假的体验就会虚假	有时重构的事物也可获真实的体验	"虚假-真实"型真实感

空间中,假的就是假的,不可能变成真的;而在三维空间中,真假其实是相对的,现在被看作虚假的事物,随着时间的推移未来可能会被认为是真实的,因为人们倾向于认为过去留下的东西是真实的。(3)真的事物体验就会真实?事实上在旅游现象中是不一定的,游客有时候追求真实性只是追求一种"怀旧情怀",对没有经过雕琢的破旧的"原样过去",不一定能引起怀旧的感知,因为不是所有的废墟都会被看作是古董。(4)假的事物体验就会虚假?这也不一定,有些旅游目的地环境是重构的,但游客可以获得不同程度的真实性体验,南京夫子庙的六朝古都表演皇帝下岸选探花与观演者互动,这些是模拟的,但游客可以从中获得一种个人与他人之间的存在真实性体验。

这种真实性的悖论,引发笔者立论的基本观点:(1)任何真实性都是相对的,现实是不同程度"真实性"的叠加;(2)游客、居民对同一场所的真实性诉求不同,感知亦不同;(3)即使是同一主体面对不同客体也会表现出不同的真实性宽度。

正如"真/假"其实是一对悖论,"创造性"和"真实性"也是一对悖论,传统真实性将遗产视为和过去某段历史相关的信息,现代人叠加在上面的创造行为,无论从哪一个角度来看,都不应被视为真实。但是,值得思考的是目前遗产的保护利用已经进入现代和后现代交织的时代,游客追求的目标不仅是静态的保护,更渴望得到多维度、全方位的"真实性感知",其本身对真实性的定义不那么明确,以下建立的真实性感知矩阵是试图在"真实/虚假"的两极维度上剖析真实性感知多元诉求的真面目。

5.2 真实性感知矩阵

关于真实性的感知矩阵,Cohen(1979)早期提出 4 种旅游情境(见表 5-2),以旅游空间和舞台猜疑理论为基础,形成了真实/舞台化矩阵,暗含"真实-虚假"4 种真实性感知维度。表中(1)为"真实的旅游情形",景观的本质是真实的,且主观认知也是真实的,是一种较为理想化的真实体验。(2)为"舞台猜疑",景观本身是真实的,主体却产生了怀疑心理,把真实的景观当成非真实的情形。(3)为"舞台真实",即景观本身是虚假的,由于组织者精心的舞台化包装,主体将它视为真实,是一种"隐蔽的旅游空间"。(4)为"人造的旅游情形",即景观本身是人为的、做作的,游客也意识到了其舞台化的本质,这种情形被定义为"显性的旅游空间"。

基于真实性的4种情境　　　　　　　　　　　表5-2

景观		主体对景观的印象	
		真实的	舞台化的
景观的本质	真实的	（1）真实的旅游情形	（2）对真实的否定（舞台猜疑）
	舞台化的	（3）舞台真实（隐蔽的旅游空间）	（4）人造的旅游情形（显性的旅游空间）

注：参考Cohen（1979）整理

另外，Gilmore 和 Pine Ⅱ（2007）在体验经济理论[①]的基础上提出了真实性相关理论。真实性理论指出了衡量真实性的两个基本标准：忠于自我（ture to yourself）和表里如一（inside equals outside）。前者是自身导向的自我感知的关键要素；后者是他人导向的诚实可信，因此提出一个完整的"真实/虚假"矩阵，忠于自我和表里如一是坐标轴（如图5-2）。其关注点是如何呈现客体的真实性，将人性化的特征（忠于自我和表里如一）应用到客体目标物中，将客体的真实性研究转向主客互动的真实性感知研究。这需要首先思考两个问题：（1）研究对象是否做到忠于自我？（2）研究对象是否做到表里如一？这两个问题构成真实性的4种模式：真实-真实、真实-虚假、虚假-真实、虚假-虚假。每一种模式都揭示了主体是如何感知客体的——是真实还是虚假，亦或是不同程度的真实和不真实的集合，主体成为真实或虚假的仲裁者。

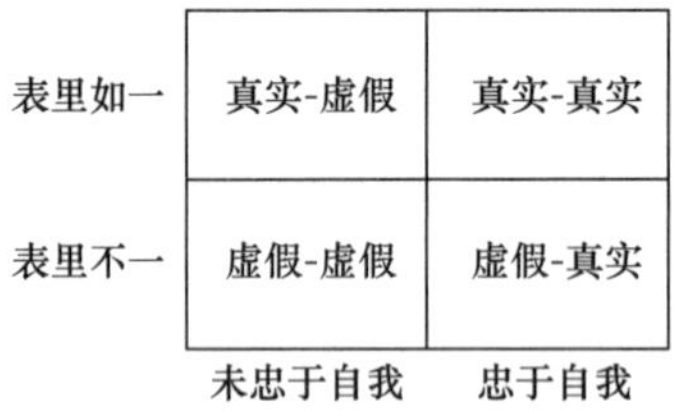

图5-2 真实/虚假矩阵图
（来源：Gilmore & Pine Ⅱ, 2007）

从真实性的"真实/虚假"矩阵来看，历史城镇的遗产客体具有历史性，访问群体又具有现代性，既要在"忠于自我"层面基于自身的历史，又要在"表里如一"层面做到向他人传递属实信息，这就需要在整体和局部规划设计和经营策划中去操作和实现，在保护历史城镇"各个历史时期遗产的真实状态"的同时，着眼于"如何呈现可被感知的真实性"，下面借鉴4个象限的真实性矩阵进行剖析。

5.2.1 "真实-真实"型

与"真实-真实"型相对应的状态是遗产保护和利用的理想目标，对于文物古迹，采用谨慎的修缮和整修手法，使其尽可能维持历史的真实性。这样

---

① 2002年派恩、吉尔摩合著《体验经济》一书，详见文后参考文献。

的操作手法，可提供一种"真实-真实"型的体验。历史城镇的文物古迹均在"真实-真实"维度上体现历史文化价值和游憩价值，遗产访问者主体也因此获得一种有历史文脉的、信息确凿的真实体验。

5.2.2 "真实-虚假"型

与"真实-虚假"型相对应的是依据历史记载或考据对遗产部分或者全部"重修"的类型，主要在"表里如一"的维度上获得真实，即虽然被复制但是按可考记载而建，并要让访问者知晓历史产生和延续的年代，要对新修部分、修整（重修）部分的历史线索进行详细而准确的阐释。切忌以假乱真，粗制滥造，让游客误以为是"古董"，那就落入"虚假-虚假"的象限，也就是学界一直批判的"假古董"的问题。

5.2.3 "虚假-真实"型

与"虚假-真实"型相对应的是在延续历史文脉的前提下，创新产生带有地域特征，但不同于原物的客体类型，在"忠于自我"的维度达到真实。这一象限相应的客体目标物可为访问者提供"虚假-真实"型的体验。借鉴历史不完全再现历史片断，而是结合历史基因和当下的文化共同融合形成新的客体目标物，需要在"忠于自我"的维度上扩大真实性。

5.2.4 "虚假-虚假"型

与"虚假-虚假"型相对应的是与遗产地文化毫无关联的虚构活动项目或营造不协调的空间场所，不是遗产体验追求的类型。遗产地保护利用规划和旅游管理要尽可能避免出现这种类型，否则既会破坏遗产资源的历史环境，也不能给访问者带来真实的体验。

因此，"真实-真实""真实-虚假""虚假-真实"是历史城镇的保护利用中可能涉及的3个象限，大多数遗产致力于创造"真实-真实"型，这有赖于"忠于自我"和"表里如一"两个方面，能做到两个方面实为不易，如果做到其中之一并将自身真实性优势面扩大，则是历史城镇持续发展的可行路径。

5.3 四种真实性的呈现

在上一节讨论的真实性感知矩阵中,"真实-真实"和"虚假-虚假"是两个相反的向量,中间相对向量是"真实-虚假"和"虚假-真实"。本研究不再从二元真假对立的角度来谈论真实性的认识问题,而是着眼真假二元的组合关系,探索切实可行的遗产地真实性呈现方式,这将对遗产资源持续利用策略的制定具有现实指导作用。

5.3.1 客观真实性的呈现

客观真实性的呈现,对居民和游客表现出不同的真实性感知类型(见表5-3)。对居民而言,是历史真实的感知,其实现途径是基于"真实-真实"型的遗产客体;而对游客而言,则是符号真实的感知,实现途径是通过"真实-虚假"型或"虚假-真实"型吸引物来捕获历史符号代表的真实感。

客观真实性的呈现 表5-3

客观真实性	居民	游客
	历史真实	符号真实
建立在对客体真实性认识论基础上的主体感知和体验	基于严格历史线索的历史本身的真实,取决于有关信息来源是否确凿有效	基于视觉化、符号化的历史片段或标志物呈现出的真实,是能指和所指的集合
真实性呈现	真实-真实	真实-虚假 虚假-真实

客观真实性的呈现,又具有两级性(如图5-3),两端是尊重历史的"真实-真实"状态和背离历史的"虚假-虚假"状态。而两级中间的"真实-虚假"的表现形式是"复制",是尽可能将过去的原物再现出来,必须经有关部门批准且严格根据历史考证建造,例如原址重修的南翔古镇历史园林"檀园"。

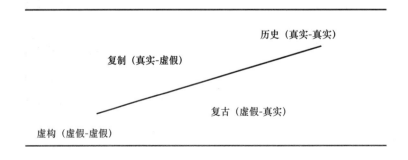

图5-3 客观真实性的呈现方式

"虚假-真实"的表现形式是"复古",不是照搬过去也不是低劣仿古,而是新与旧的内在精神的融合,是当地历史文脉的延续。

5.3.2 发展真实性的呈现

社区居民真实性感知的重要方面是对于地方的"发展真实性"感知,历史城镇的经济发展是居民最关心、最实在的问题,如果居民的居住条件得不到改善,生活水平不能与新区的居民齐平,那么维系古镇的文化资源和文化生态都将变得困难。在历史城镇保护利用的过程中,不能一味追求经济利益,无限度扩张商业的规模降低文化内涵,而是要把握住"文化"的底牌。下面对发展真实性的呈现从"前台/后台"与"虚假/真实"的两级性来考量(见表5-4)。

表5-4 发展真实性的呈现

发展真实性	居民 参与真实	居民 后台真实
居民在地方发展过程中,与地方共同作用,产生对逐渐发展的真实性的感知	居民对地方文化的表达,及在社区参与过程中商业介入而产生的社区参与经营的真实感,一部分在前台	因地方兴旺发展、经济文化繁荣而产生的对地方的真实情感,发生在真正的后台
真实性呈现	虚假-真实 真实-虚假	真实-真实

注:这里的后台,指的是戈夫曼(Goffman,1959)笔下的后台,那是居民生活着的真实的后台

居民的"发展真实性"感知主要表现在"后台真实"感知和居民社区参与两方面(如图5-4),包括原有生活方式的延续、历史古迹的利用以及对遗产保护利用过程的参与。在"真实-虚假"维度上表现为"再现"昔日历史情境,例如名居、名街、名人遗迹,在本质上不一定是原初的,是为了展示历史文化而恢复或者再现出来的场景,其形式有:历史地段重修、复建等。在"虚假-真实"维度上表现为"个性化"的文化"再生"与"创作",是历史文化

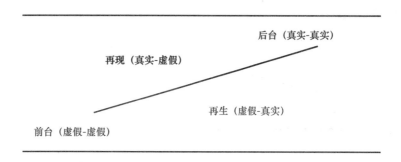

图5-4 发展真实性的呈现方式

和现代化表现手法的结合，例如在古镇上开展各种个性化的文化创意活动。

5.3.3 述行真实性的呈现

述行真实性的呈现包含体验真实、前台真实两个维度（见表5-5）。"体验真实"涉及两种类型，一是属于"虚假-真实"的类型，指的是现代语境下的一种再创作，这种"忠于自我"创作的特征，决定了它可以在这个特征维度上扩大其真实感，促进"述行"真实性的生成。二是属于"真实-虚假"的类型，是基于历史的，就其属性而言具有历史线索，但不等同于历史上的真实，提供了一种"真实-虚假"型的感知和体验。"前台真实"正如 Cohen（1979）提出的旅游情境（见表5-2）中显性的旅游空间，在客体和主体真实性方面都遭遇失败，这种不真实的前台和感受的失真，在主体体验中属于"虚假-虚假"的维度。

述行真实性的呈现　　　　　　　　　　　　　表5-5

述行真实性	游客	游客
	体验真实	前台真实
旅游经营者通过旅游规划、场所装置等对真实性的"表述"，来引导游客进行体验真实性的"行为"	游客在遗产地通过观光游览、信息互动、参与活动产生基于认知和情感两个方面的体验	游客在显性的旅游空间经历背离历史的舞台化呈现，过于做作和失真会使得游客感受不到真实
真实性呈现	虚假-真实 真实-虚假	虚假-虚假

在"真实-虚假"维度上，相应的客体表现为"传承"（如图5-5），例如老字号餐饮店，传统手工艺品的制作，模拟传统地方特色婚礼等。这一类型的文化载体应尽可能地接近历史，表现出"传承"的特征，需要在表里如一的维度上营造和扩大其真实性。

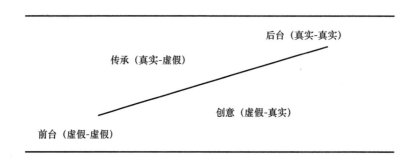

图5-5 述行真实性的呈现方式

在"虚假 - 真实"维度上，相应的客体表现为"创意"，是与历史文化有关的，结合现代思想和形式的创意，例如开发地方土特产等创意产业，融历史、文化、观赏、纪念、实用于一体，是流动的文化，也是传播地方文化的重要载体之一（吴承照，2003）。这种载体是由现代人结合当地特色创意出来的带有历史基因的吸引物，在忠于自我的层面上达到真实，使得主体获得相应的真实性感知。

5.3.4 存在真实性的呈现

存在真实性在居民和游客两个层面上既相互交织又相互独立。对居民而言，表现为日常生活的真实，其中包括旅游活动介入后对居民生活感受的影响，是遗产地发展过程中无数生活场景在同一个空间的叠加和融合（夏健等，2008），有赖于居民内在的生活态度、习惯习俗、道德情感等，表现为"真实 - 真实"的类型。对游客而言，借助客体吸引物最终寻找本真的自我，是旅游的终极体验，既包括个人的内省又包括与外部团体形成的存在真实感（见表5-6）。

存在真实性的呈现　　　　　　　　　　　　　　　表5-6

存在真实性	居民	游客
	生活真实	自我真实
主体在无拘无束的状态下体验到的来自个体内部或个体间的真实性感知	居民在生活中通过活动和日常游憩，或商业经营过程中获得的一种存在感和愉悦感受	游客借助旅游客体或体验项目等最终找到自我、回归本我的感受
真实性呈现	真实-真实	虚假-真实 真实-虚假

人们比过去任何时代都更加追求"真实性"的感受，因为现代性的疏离，使得人们认为在那里（there）存在一个完全真实的地方，不像在这里（here）的社会充满虚假，因此将主体存在真实性的两极界定在"那里"和"这里"（如图5-6）。"那里"的真实，正是遗产目的地生生不息的居民生活之真实，而游客的存在真实性感知通过从"这里"到"那里"体验当地的人文生态，在"真实 - 虚假""虚假 - 真实"两个维度上获得真实性感知。

在"虚假 - 真实"层面，表现为游客通过在遗产地短暂的栖居，自身内省而获得的自我回归；在"真实 - 虚假"层面，表现为在游客参观游览过程中，接触到团体、他人，从而因凝视或互动产生的自我满足感，包括其他游客、家庭成员、遗产地服务人员等，其特点是具有短暂性，是随着一次旅游而形成暂时性的现象和感受。

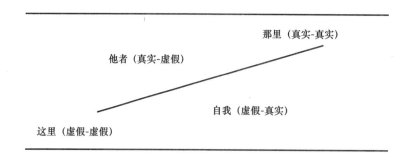

图5-6 存在真实性的呈现方式

5.4 本章小结

本章从传统"真/假"二元结构出发，拓展真实性感知的三维空间的意义，借助前两章关于游客和居民的真实性感知多个维度的探索，揭示"居民-游客感知行为发生机制"，研究表明居民和游客的感知发生过程机制其实是两个互动群体在遗产地多维空间、多种时间界面上既相互作用又矛盾统一的行为过程。

研究在"真实/虚假"四分矩阵的基础上，尝试性地阐释了"居民-游客感知互动机制"中4种类型真实性感知的两极性及其呈现方式（见表5-7），并对应于不同的遗产保护利用的手段和现象，为现实中制定历史城镇保护和利用策略奠定理论基础，并为未来可持续发展提供可能的模式和途径。

真实性感知的构成维度与呈现方式　　　　　　表5-7

类型	真实-真实	真实-虚假		虚假-真实	虚假-虚假
客观真实性	历史	复制	⟷	复古	虚构
发展真实性	后台	再现	⟷	再生	前台
述行真实性	后台	传承	⟷	创意	前台
存在真实性	那里	他者	⟷	自我	这里

第6章 真实性感知与历史城镇保护利用

根据前文调研及分析，得知居民、游客的真实性感知是多维度、多层次、多要素的综合，真实性感知发生过程机制其实是两个互动群体在遗产地既相互作用又矛盾统一的行为过程。因此，本研究指出历史城镇保护利用也应该探索多维度、多时空、多链条的发展模式，寻找基于遗产保护的持续发展路径。

本书第 3~5 章中大量田野调研为主体感知要素提供了丰富的参考依据，每一项真实性感知因子荷载都远大于临界值 0.500，说明对于真实性感知的贡献率大。因此调研成果各要素的指标，对现实规划中提出科学建议具有一定的实际意义。真实性感知多维机制，其背后是遗产地的物质、非物质、信息等不同性质的感知载体和对象（如图 6-1），本质上是遗产真实、事件真实、信息真实等一系列的真实性链的构建、传播、解码和体验，所以需要进一步通过物质空间规划、活动事件策划、信息阐释和展示来实现历史城镇的保护利用。

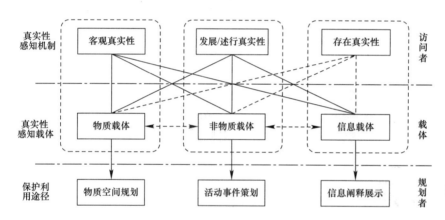

图6-1 真实性感知与历史城镇保护利用[①]

6.1 基于价值认识的物质空间规划

6.1.1 遗产价值与感知层次

对历史城镇真实性的认识首先应剖析其突出普遍价值，这是居民和访问者能够感知和体验货真价实的遗产真实性的基础和前提。文化遗产在保护和发展

---

① 如图6-1，实线表示真实性感知机制与物质、非物质载体呈现的交叉对应关系；而存在真实性感知和载体的关系以虚线表示，因为存在真实性的获得作为一种主体自我真实的实现，和访问者的动机、期望及参与度有很多关联（Kim & Jamal, 2007），虽然本文已经证明可以尽量通过前两者真实性的达成而促成其结果（见第 4 章 4.3.6，$R^2=0.460$），但和客体并不是一一对应关系，所以以虚线表示。

中究竟哪些历史层系应该被诠释，哪些价值是最突出普遍的，需要在具体操作层面上严谨地评估和审慎地利用。江南水乡古镇作为聚落遗产，不像文物的客体真实性易于被辨识，而是一个活态的遗产类型。对它的认识更具复杂性，其突出普遍价值（OUV）表现在：根植于江南水乡城镇独特的自然景观和生活特征；中国古代经济中心完成南移的重要见证；"天人合一"规划思想下理想居住环境的杰出代表；江南独特市镇格局、传统风貌及民俗风情等地域文化的集中体现。

以上是对江南水乡古镇的突出普遍价值的认识，是基于学术视角的，而访问者主体对文化遗产的价值感知可以从本书第4章客观真实性感知的指标因子中窥见一斑，其中"我感觉遗产地整体上给人历史悠久的印象；我觉得建筑及环境风貌具有完整性；我觉得室内设计及布置具有独特性；我感觉景点风格具有典型地方特色"指标因子负荷均远大于一般临界值0.500的标准（详见表4-6），可见访问者对于遗产的客观真实性感知来源于环境风貌的历史真实性和完整性，即空间轴线、河街关系、整体的空间肌理和独特的人文环境生态。经过研究调研分析，证明这种感知的"多维性"，根植于遗产的突出普遍价值，亦呈现多维度的区间和感知象限。

（1）"真实-真实"象限对应的客体是遗产空间中最具历史价值的古迹，也是遗产体验的核心要素。那些保留完好的、具有显著历史价值的文物古迹，是主体获得"真实-真实"型感知的基础，对这一类型的遗产应采取"修复"的规划策略，可以进一步强化真实性感知。

（2）"真实-虚假"象限对应的空间类型是部分保留的历史遗存，此象限对应采取部分"重修"的规划策略，严格按照原始信息还原成实物，这是保护利用应采用的模式。历史遗存一般不允许大规模重建，如果需要重建必须经过主管部门的严格审批，且重修（建）的部分要向公众展示和说明，不可混淆。这种做法能使得主体在"真实-虚假"感知层面上获得相应体验，从真实性感知的角度验证历史遗产保护规划"修旧如故"策略的科学性。

（3）"虚假-真实"象限对应的物质载体是与风貌相协调的新建建筑，对此类空间采取改造"衍生"的规划策略，创造出具有文化内涵的、基于类型学研究的、与周围历史环境风貌相协调的街巷空间。能承载文化活动的、具有传统节事等功能的新场所，空间上必须在核心区以外的控制区或协调区，遗产地的访问主体亦可通过此种途径获得"虚假-真实"类型的感知。

（4）"虚假-虚假"象限是指无历史依据制造假古董的现象，对破坏历史文化风貌的拆真造假、盲目复制、低劣仿古等做法均属于此象限，不但会严重破坏遗产，而且不能带来真实的体验，应予以坚决反对。

以上几种物质规划策略不仅是从居民、游客真实性感知角度，更是从遗产保护利用的出发点考量结果，与遗产保护规划中的规定一致（见表6-1）。在核心保护区内，保持街区原有的街巷网络和空间格局，保留、修缮和维护历史建筑；在建设控制区内，可谨慎地新建、扩建、改建建筑和街巷，但应当在高度、体量、色彩和空间布局等方面与遗产地历史风貌特色相协调。这些与"真实性感知"角度划分的4个象限的分类方法不矛盾，而且在内涵和对象上是一致的。这种四分法在传统保护的基础上，拓展和明晰第二、三象限的内容，这是能否保护利用好遗产的焦点和难点所在，下面将分节叙述。

真实性感知的层次、对象及空间规划策略　　　　　　　　　　　　表6-1

感知层次	感知对象	物质空间规划	对应区域[①]	策略
真实-真实	文物、古迹、遗址	保留、修复、修缮	核心区	重点保护
真实-虚假	允许重修的遗产	重修、重建	核心区、控制区	严格考据
虚假-真实	和谐的新建筑	新建	控制区、协调区	谨慎设计
虚假-虚假	假古董	拆真造假、低劣仿古	—	坚决反对

6.1.2 "真实-真实"感知与空间修复

物质空间的规划策略是多维交织的，有宏观、微观不同的层次，例如宏观层面上对古镇空间格局的恢复属于第一象限，而对其中一些桥和建筑的复原性改造属于第二象限；相应地感知的多个层次也交织在一起形成整体体验，下面从不同尺度分别探讨。

6.1.2.1 空间格局保护

（1）古镇空间主轴的保护

"天人合一"是中国传统的规划思想，在古镇的历史形成过程中，也正是这种规划思想和经济规律的完美结合，塑造了富足、诗意、和谐的理想人居环境。江南水乡古镇传统格局、风貌以及岁时习俗和文化底蕴是地域文化的集中体现。古镇历史格局中的一街一巷、一园一寺的布局都有其规律，其中线性空

---

① 此处与《历史文化名城名镇名村保护条例》中的规定一致：历史文化街区、名镇、名村核心保护范围内的建筑物、构筑物，应当区分不同情况，采取相应措施，实行分类保护；历史文化街区、名镇、名村建设控制地带内的新建建筑物、构筑物，应当符合保护规划确定的建设控制要求。

间的轴线是非常重要的历史格局要素，应保护和强化空间轴线，突出历史的空间格局，同时给人们带来"真实-真实"型的感受和体验。

南翔古镇空间的主要轴线在历史上是"龙头-龙身"中心线，即传说中的南翔被称为"龙镇"。"龙头"位于双塔的位置，"龙身"是南翔寺的主要中轴线，而双塔就是"龙角"，双塔旁挖掘的两口水井就是"龙眼"，双塔广场南侧横跨走马塘之上的报济桥（始建于宋代景祐四年）是"龙鼻子"，桥两侧现存的两处水埠（也被称作水桥）是"龙舌"（陈飞，2013）。双塔是原先南翔寺（后屡经战火尽毁）山门前的砖塔，与南翔寺的主轴呈一体，1998年南翔寺重建，将主轴向西移动，在原来"龙身"的位置修建了现在的解放路，报济桥也由历史上的"踏步桥"改建为通车的"平桥"，后又更名"香花桥"（如图6-2）。现在只有双塔被保留下来，由于周边的地基抬高，形成两个下沉式广场，两口水井则相应被埋入地下。这些导致了古镇的空间格局错位，主要的空间和建筑失去联系，古镇传统意义上的主轴线被弱化甚至被隐藏了。

虽然20世纪已经建成的主体建筑寺庙难以被移动，但是本着真实性的原则，借助多种环境整治的手法，强化和重塑了传统古镇的空间主轴。规划首先将解放路转变为步行街区，利用传统的铺地材质、肌理以及景观灯的设计，强化主轴线的景观意向。其次，在走马塘的南岸设置一处牌楼，在核心景区入口处结合游客服务中心，打造轴线的端口。再次，恢复双塔广场及其周边建筑的历史风貌，复原性改造历史上重要的报济桥（香花桥）（如图6-3），恢复踏步桥和原有的水桥式样，将河、街与广场整合成完整的空间，加重主轴的分量，强化历史主轴与古镇的关系。

图6-2 南翔报济桥（香花桥）整治前
（图片来源：陈飞）

图6-3 南翔报济桥（香花桥）整治后
（图片来源：陈飞）

（2）传统河街空间的整治

"因水成市、因水成街、水街相依"是水乡古镇的重要河街特色。水巷和街巷可以说是传统古镇空间系统的骨架，是人们组织生活、交通运输的重要脉络，所以也是古镇空间格局保护中的主要线索之一。与河并行为街，一般宽约 1.5~3m，多为商业；与河垂直为巷，一般宽约 1~3m，是街坊之间的分隔。河街空间是保持环境风貌完整性的重要线性空间，在规划中应当依据传统街巷的尺度，研究古镇的街与河的多重结构组合关系，梳理河街空间以激活使用空间的功能和活力，使得居民和游客都能感受到历史空间的真实。在景观整治方面应该利用水埠、沿廊和河栏等独特的构筑物营造丰富优美的景观视线通廊。

南翔古镇"东西五里，南北三里，四条河流"形成十字港，在历史上是商业中心，主要的商品集散渠道——横沥河和走马塘交汇于此，是南翔古镇环境和景观资源的代表。"横沥河"的河道宽度约为 7~20m，规划前横沥河西岸是双塔历史文化风貌区，东岸是现代的多层居住区，对古镇传统景观风貌有一定的影响（如图 6-4）。规划时借用东岸的空地，恢复了沿河的景观长廊，不但实现与西岸传统建筑的呼应关系，而且弱化了东岸现代建筑对传统风貌天际线的影响（如图 6-5）。

图6-4　南翔横沥河整治前（图片来源：陈飞）

图6-5　南翔横沥河整治后（图片来源：陈飞）

南翔镇"走马塘"河道宽度大约是 3~7m，河两岸基本上都是一层或两层的传统建筑，但是窗户、墙面等细部有与传统风貌不协调的地方（如图 6-6），通过整治旧建筑立面，加设原木窗套、空调机罩等，对河埠风貌也进行整治，重现河街传统空间风貌（如图 6-7）。

图6-6　南翔走马塘整治前（图片来源：陈飞）

图6-7　南翔走马塘整治后（图片来源：陈飞）

6.1.2.2 建筑遗产保护

建筑遗产空间的修复策略存在不同的方式和手段，修复得到的效果也会不同。采取修复的规划策略，既能保持和保护好遗产，又能让遗产的价值更好地发挥，并利用好使用的功能（阮仪三，2004），人们获取"真实-真实"感知体验也更加强烈，其实现途径有："旧空间、原功能、原环境""旧空间、原功能、新环境"和"旧空间、新功能、新环境"（见表6-2）等，这些做法也标示出"真实-真实"感知在遗产空间体验的评价维度。

基于真实性感知的空间修复策略　　　　　　表6-2

真实性感知	空间修复策略		
	空间	功能	环境
"真实-真实"类型	旧空间	原功能	原环境
	旧空间	原功能	新环境
	旧空间	新功能	新环境

（1）"旧空间、原功能、原环境"手法

遗产空间的修复策略其核心是对保留完好的、具有突出历史价值的文物古迹进行保护式的发展，主要目标是强化"真实-真实"感知，让人能够直接接触遗产"实物"，让人们能有"穿越时空"的体验。

在江南水乡古镇的规划中有许多通过"旧空间、原功能、原环境"手法营造"真实-真实"型感知的实例。在第3章对南翔居民的真实性感知调研中，居民几乎无一例外地将"南翔双塔"作为体现南翔古镇真实性的典型代表（如图6-8）。双塔是南翔古镇最古老的地面文物，始建于五代至北宋初年。1982年根据双塔古塔尚存的构件，参考大量文献资料，对古塔进行复原，双塔七级八面，高11m，仿江南木结构楼阁式宝塔，全部为砖制构件，是典型的唐宋建筑风格。还有南翔古镇的"天恩桥""古猗园"都属于运用旧有的空间，恢复原来环境风貌和功能的遗产空间修复手法。

图6-8　南翔古镇的双塔

（2）"旧空间、原功能、新环境"手法

那些相对保存完好的民居建筑群，首先应避免因居民大量外迁而导致古镇走向衰落，对这类遗产空间采取保护式发展的修复规划策略。具体可采用"旧空间、原功能、新环境"模式，保留原有的商业、居住功能，整治空间环境等保护性利用的方法，在真实性感知象限中则表现为"真实-真实"的类型。

南翔人民街历史上是较繁华的一条街道，具有传统的商住功能，但由于改革开放后在一定程度上进行过加宽，沿街的景观变得比较开阔（如图6-9），街道的宽度约为4~7m，原有的空间格局和尺度受到一定程度的破坏。规划保留和延续了街巷，构成蜿蜒丰富的特色。通过各种手法恢复传统风貌，赋予商业新的环境。规划修复了沿街的建筑立面，恢复历史风貌。在街道较宽的地方，增加沿街建筑底层的外廊或披檐，因此压缩了街道的宽度，达到调整街巷尺度关系的目的，也丰富了古镇空间层次，使古镇形成良好的传统风貌和肌理（如图6-10）。

图6-9　南翔人民街整治前
（图片来源：陈飞）

图6-10　南翔人民街整治后
（图片来源：陈飞）

（3）"旧空间、新功能、新环境"手法

除了以上两种类型的遗产空间，基于"真实-真实"感知，遗产空间的规划修复策略在保存遗产空间前提下，进行功能的调整，为当代人所用，发挥其价值。例如在南翔老街的保护利用过程中，将原有的街巷空间，注入新的功能，日华轩、大昌成等传统的小吃作坊虽然与过去的老字号店面位置并不一致，但依托老建筑被赋予老字号的商业。这种"旧空间、新功能、新环境"的做法，为历史街区的复兴和当地文化的传承起到积极的作用（图6-11）。

图6-11　南翔的传统百年老店

6.1.3 "真实-虚假"感知与空间重修

6.1.3.1 空间肌理再生

（1）传统空间肌理的织补

对于不完整的传统古镇空间肌理，可以在基于传统街巷比例、尺度、风格研究的基础上，进行空间的织补，以再现传统风貌，给访问者带来"真实 - 虚假"层面上的真实性体验。江南水乡古镇的吸引力不仅在于古老的建筑形式，更为重要的是区域呈现出的传统空间肌理，带给人们浓厚的历史气息。要想更好地彰显历史价值和文化内涵，就要对传统空间肌理进行梳理，对支离破碎的部分进行精心的织补，再生和重现古镇整体空间肌理。

南翔曾经是近代战争主战场，所以历史建筑保有量较少，且年代并不十分久远，除南翔寺两座砖塔起源于五代外，其余的历史建筑多为晚清、民国时期建造，分布在人民街、共和街两侧。还有一部分建筑是中华人民共和国成立后到 20 世纪 80 至 90 年代的产物，缺少古建筑风貌特色；少量建筑是 20 世纪 90 年代后的新建筑，体量、高度和风格上都与古镇的历史风貌不相协调。根据"真实 - 虚假"感知的原理，在改造时采取织补和整合的策略，重点是将零散的空间结构组织起来，使破碎化的空间肌理得以再现传统风貌（如图 6-12），给街区生活重新带来活力。

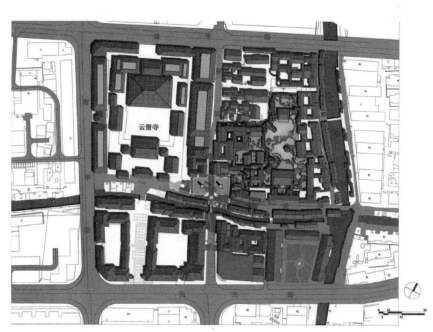

图 6-12　南翔古镇传统肌理的再生
（图片来源：陈飞）

（2）重要空间节点的塑造

古镇空间"点-轴"格局中的"点"指的是具有重要识别性的节点，往往有桥、井、牌坊等标志物，这些节点一般位于河街的交叉处，或者空间转折的地方。例如传统水乡古镇有水路与陆路两种交通方式，其交汇点就是"桥梁与河埠"，也因此产生桥头广场和河埠广场，这些重要节点往往是水陆之交汇处，既是货物集散交易之处，也是人们活动最密集的地方，更是整个古镇空间中最重要和活跃的游憩场所（阮仪三，2000）。基于"真实-虚假"感知的原理，这种空间格局中重要历史节点的塑造，要尊重历史文献的记载，更多考虑空间的尺度和质感，并且应运用借景、对景、透景等多种景观节点营造手法。

南翔古镇双塔历史风貌区中的"三桥"是一处非常重要的节点。它位于横沥河与走马塘这两条河"二水中分"的交汇处，这里建有3座古拱桥，即吉利桥、隆兴桥和太平桥，形成一个平面的"八"字型。三桥区域承载着当地的风土人情，在春节有"走三桥、图吉利"的习俗，如今是历史文化风貌区的入口之一，引人入胜、热闹非凡。在风貌保护规划的过程中，对这一处景观节点的视线进行遮挡，运用"遮与露"的手法在横沥河以东的岸上设置一座"扇亭"，起到增强入口景观意向，丰富空间层次的作用。

6.1.3.2 建筑空间重修

建筑遗产空间的"重修策略"是对遗产空间中部分遗存进行还原式重修，主要目标是创造"真实-虚假"型感知，做到遗产空间历史信息和历史环境氛围的还原，让人们能体验到"原汁原味"。其实现途径有："原样式、旧材料、原工艺""原样式、旧材料、新工艺"和"原样式、新材料、新工艺"等做法，不同程度地让人们获得"真实-虚假"型感知体验（见表6-3）。

基于真实性感知的空间重修策略　　　　表6-3

真实性感知	空间重修策略		
	样式	材料	工艺
"真实-虚假"类型	原样式	旧材料	原工艺
	原样式	旧材料	新工艺
	原样式	新材料	新工艺

（1）"原样式、旧材料、原工艺"手法

对于一部分已经年久失修，一部分还尚存的遗产，可以通过寻找与它们年代相同的"旧材料"按照"原工艺"和"原样式"进行重修。这种重修遗产空

间的经验证实了遗产空间"重修策略"符合"真实 - 虚假"感知的原理，具有可操作性和实际规划意义。

南翔镇云翔寺，始建于梁天监四年（公元505年），初名白鹤南翔寺，在历史上因寺成镇，取名南翔，后清圣祖康熙刺额"云翔寺"沿用至今，云翔寺内名胜极多，经历代修建，有天王殿，观音殿，唐经幢两座和萧梁井、九品观等。现在的云翔寺是2000年重修，修之前极少遗存，余已坍塌，因其对于南翔历史文化的重要价值且因地方人民有强烈愿望而在原址重建（见图6-13）。寺庙的建造依据历史的建筑风格，气势恢宏庄重显佛土庄严，在当地居民和访问者真实感知中占有重要地位。

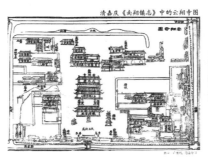 

图6-13 南翔镇云翔寺
（图片来源：嘉庆《南翔镇志》，及作者自摄）

（2）"原样式、旧材料、新工艺"手法

对于基本消失的重要历史地段风貌的复原，可以采用"部分展示"的手法，依据"原样式"，从江南相同历史地段集合"旧材料"，采用现代的"新工艺"进行复原，这种方法是对重要历史地段的再现，符合基于"真实 - 虚假"感知规律的物质空间的规划途径。

在南翔历史文化风貌区的改造过程中，共和街西侧传统院落的重修就采用了"原样式、旧材料、新工艺"的手法。院落能够营造一个与外界相对隔绝的、安全的私密空间，给居民带来归属感，但南翔这种传统的院落空间已经被破坏了，只有共和街西侧的部分地方还留有院落遗迹，处于无序状态（如图6-14）。规划则利用原有的院落空间，挖掘传统院落的原型，运用旧材料，通过新的工艺手法梳理院落肌理，恢复再现完整的院落空间格局，还通过大小不同的院落组合，形成错落有致的院落集群，重现传统院落自然有机的特色（如图6-15）。

图6-14 南翔共和街西侧院落整治前（图片来源：陈飞）

图6-15 南翔共和街西侧院落整治后（图片来源：陈飞）

（3）"原样式、新材料、新工艺"手法

对于历史上标志性的建筑（古寺、古园林等），随着当地发展的需要，可严格按照可以考据的"原样式"进行重修，且这样的重修必须经过规划部门的审批，需在出于当地发展需求且有历史考据的前提下，谨慎决策。重修的建筑采用"重修的材料和手法"，必须要与当地的历史环境相协调，不标新立异，要融合在一起。这种基于历史线索重修的做法，居民和游客可以在"真实-虚假"维度上获得真实性感知。

据记载南翔的檀园是明代著名的文学家李流芳的私家园林（占地3.2亩，约2133m²），有着典型的小桥流水的江南风格，造园时园主人亲自安排和布局园林中的节点，仿佛人在画中游，受到当时文人墨客的赞誉。在风貌保护规划中，查询历史上关于李流芳的详细记载，包括当时绘制的园林画作和实录的文字，历史上的园林已经消失，但尽可能依据当时的形制和规模重新建造（如图6-16），并与槎溪书场组成老街中心公共活动空间，对古镇街坊内部的整治起到积极作用，并带动地区整体活力的提升。

图6-16 南翔檀园的重建（图片来源：陈飞）

6.1.4 "虚假-真实"感知与空间衍生

6.1.4.1 营造新空间

空间的衍生策略首先要做到维护整体空间风格的协调，远看风貌协调，近看则为新物，让人们能感受到"古风新意"。衍生策略在真实性感知的象限制中表现为"虚假-真实"，落脚点落在现代功能的需求和价值上，依托地域历史文化创造现代价值，是空间自身不断生长、发展演变、持续利用的规划方式。

南翔的梅墅始建于 20 世纪 30 年代，当时采用中西合璧的建筑风格，但是改造的时候发现此地尚存一处雕花门楼，而建筑格局和主体都已经不存在（陈飞，2013）。梅墅位于南翔老街街区的东北角，是一处私家住宅，原主人是张志崇，由于历史的原样已无从考证，规划时的建筑设计参照江南水乡的院落形式，设计成中等规模的三间两进的传统院落，建成后作为集餐饮和住宿为一体的高档会所使用（如图 6-17）。这种遗产空间的"衍生"策略不仅有利于修补街坊延伸段的空间肌理，同时也为后续现代发展功能的嵌入提供承载的空间，从而从规模和层次上都能丰富街坊业态的发展。

图6-17 南翔梅墅空间的再利用（图片来源：陈飞）

再如南翔古镇上老街街口的"南翔公馆"，就是这样一种类型的"新古典酒店"模式，南翔公馆的外立面与老街的风格相得益彰，延续了古镇粉墙黛瓦的江南建筑小巧玲珑的风格，内部的室内陈设也采用古典装饰风格，窗外便是小桥流水，游客在餐饮中体验到传统文化和现代功能的交融（如图 6-18）。

需要指明的是，对于尚存的历史遗迹的遗产空间，一定不能进行大面积拆除，人口也不可以大量迁移，应该尽可能采取"修复或重修"的策略，维持古镇街坊风貌的原汁原味和正常生活真实性。例如对绍兴鲁迅纪念馆采取的做法就是不好的，当地政府将老鲁迅纪念馆推倒重来，修建一个全新的现代风格的纪念馆（阮仪三，2013），在现有条件下脱离了遗产保护的基本原则，也没有很好地延续历史文脉。

图6-18 南翔公馆

6.1.4.2 反对假古董

遗产的修缮和维护往往要花费大量人力、物力和财力，有的地方项目只顾眼前利益，为了大力推进城市化进程，无视脆弱的遗产遗存的价值，推平地方乡土建筑，拆真造假，低劣复制大量仿古建筑，损害了遗产的真实性，因此要坚决反对造假古董。究其原因，其实是在遗产地物质空间规划中把控重修和衍生的"度"的问题。在真实性感知的4个象限中，除了"真实-真实"对应的古迹不会让人怀疑其真实性外，在"真实-虚假""虚假-真实"两个象限中，如果发展的手段和策略不得当，都有可能落入"虚假-虚假"的象限，所以规划中应该特别谨慎、严格避免这两种转化的出现。

（1）"真实-虚假"向"虚假-虚假"的转化

不严格遵循历史的、没有以文献为依据的"重修"和"重建"会在"表里如一"的维度上遭遇失败，这样的重建既不能有效和准确地传达"历史信息"，又可能使游客由于缺乏辨识力而误以为是历史上留下的遗产，这种情形其实是落入了"虚假-虚假"的象限，即被批判造"假古董"的现象和做法。在历史城镇保护利用行动中，一定不能"拆真造假"，只要遗物遗迹尚存就应该尽量通过各种手段"以存其真"。

（2）"虚假-真实"向"虚假-虚假"的转化

与遗产风貌不协调的"衍生"和"更新"会在"忠于自我"的维度上转为失败，比如一味迎合现代化旅游功能的需求而大面积开发复古商业街。在风貌和环境都不能与遗产地相协调的情况下，这种开发建造是对遗址的破坏，没有延续遗产地的历史文脉、没有体现遗产地的文化精神，粗浅的创意手段实则已经从"虚假-真实"转向了"虚假-虚假"，这种类型的"假古董"也是要大力反对的。

历史城镇物质空间规划策略，需要具体考量遗产资源的遗存状况，视其历史文化价值的程度区别对待。从遗产地经济、社会、环境的整体发展角度出发，规划首先是要严格的保护，然后是合理利用，能在"真实-真实"层面上解决好的问题，就要采用修复的手段极力"存其真"；其次才是在"真实-虚假"层面用一些重修的策略，在一定程度上维持和追求真实感；再次，是在"虚假-真实"层面上，运用较为现代的手法和理念，且基于历史进行谨慎创新；最后，有一些不顾历史风貌，体量、尺度不适宜的现代建筑穿插其中的做法，既没有体现历史精神的传承，又破坏了遗产地"古色古香"的整体地域特色，属于"虚假-虚假"的情形。这些在历史城镇空间的规划以及实施过程中，都应该极力避免，已经实施的不良做法应该坚决予以剔除。

6.1.5　物质空间规划策略小结

本节在历史城镇物质空间规划方面，依据真实性感知原理从宏观和微观两个层面进行阐述。

在宏观尺度上，古镇及历史街区要保护其传统风貌、空间肌理、街巷、重要轴线、场所、边界等整体空间及环境。在微观尺度上，主要是保护传统建筑及室内空间。基于真实性感知矩阵，在"真实-真实"象限，其针对的是具有显著历史价值的文物古迹，衡量标准必须是历史上遗留下来的旧空间，而非现在创造的新空间，功能和环境也要在一定程度上符合原有的状态。在"真实-虚假"象限，针对的是具有重要历史价值的历史遗存，其衡量标准是必须严格依据文献记载的原样式来建造，在材料和工艺上要尽可能符合原有条件。在"虚假-真实"象限，针对的是遗产保护核心区以外恰当的新建区域，其衡量标准是空间和功能都是新的，但运用了原风格和旧元素创意新的空间环境，创造出具有当地文化内涵的、与周围历史环境风貌相协调的街巷空间，能承载文化活动的、具有传统节事等功能的新场所，打造出延续历史脉络、风貌和谐的现代江南水乡地域。另外，落入"虚假-虚假"象限的是不以历史为依据的重修和乱建，从而导致造"假古董"的不恰当利用行为，这是要坚决反对和批判的。

6.2　基于文化体验的活动事件策划

历史城镇的保护利用不但要着眼于物质空间，保护乡土建筑的地方特色、保持景观风貌的连续性，还需要考虑原有生活形态的延续、保存街巷空间中生活的记忆。归根结底，历史城镇保护和利用就是将历史脉络有机地"编织"到当代城乡演进的空间形态和文化生态之中，上一节探讨了物质空间规划，这一节将论述如何通过活动事件的策划保存和延续文脉。

将真实性感知理论运用到活动事件策划中,也就是要深度挖掘遗产地的历史文化内涵,使其转变为有参与性、体验性的活动和事件,其规划需体现历史遗产的真实性、文化脉络的传承性和与整体环境的协调性。

6.2.1 文化层次与文化体验

文化旅游的实质是一种文化体验,访问者跨越时间与空间来到遗产地与历史对话,这种体验的本质是"文化",可以分为3个层面:物质层、思想制度层、心理层。

(1)文化的物质层指的是具有一定历史特征的文化的物化形式,无论是古建筑、遗址还是雕刻、石窟、岩画等都属于物质这一层次的文化。这一个层次是访问者最容易直接观赏和感受到的文化,通过历史风貌和遗存,感受历史的氛围。

(2)文化的思想制度层指的是隐藏在文化物质层里的人们的思想、感悟以及意志等,比如历史上遗留下来的建筑物、历史街区、石窟壁画等物质实体中蕴含的当时人们的思想、感情和意志(艾佩,梁留科,2007)。这个文化层次包含着历史上那个时代所创造的制度和行为规范,例如政治制度、教育制度、礼仪制度等。

(3)文化的心理层指的是特定时代人们的生活方式、价值观念、思维方式、道德情操、审美情趣以及民族性格等方面。这个层次是文化向前发展的动因,其中价值观是文化的核心。文化心理层是核心层,它对中层(制度文化)和外层(物质文化)有着非常重要的影响和作用。

文化的3个层面的层级关系可以用图6-19来表示。文化的中层和核心层属于人们不能直接观察到的层面,需要通过物质层来感受和体会,并且有赖于通过文化产品将深层文化展示给人们。也就是说:"物质文化"是"心理文化"通过人们的实践活动在物质上的表现;"制度文化"是"心理文化"在规范人们行为的制度中体现出来的。

活动事件策划的出发点及其目标是"文化体验",是对以上各个层级文化由浅入深、多维时空的体验。规划不应仅是为了游客的"暂时性"体验,而是要以尊重当地居民的"日常生活"为前提的体验。由于体验是来自个人的心境与事件的互动,因此活动事件的策划要能满足人们对人文精神、心理愉悦、

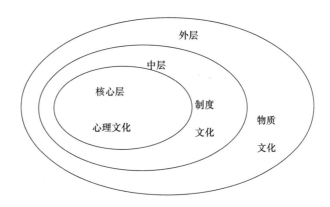

图6-19 文化的层级关系图

自我成就的需求，体验经济和文化产业的结合、文化产业的体验化是其实现途径，下面从真实性的几个感知象限来讨论（见表6-4）。

基于文化体验的活动事件策划类型　　　　　　　　　　　　　　表6-4

真实性感知	表现形式	保护利用模式
"真实-真实"	"保护"型活动事件	"静态博物馆"展览模式 "活态博物馆"展览模式
"真实-虚假"	"传承"型活动事件	"再现传统节庆"模式 "老字号产业链"模式
"虚假-真实"	"创意"型活动事件	"创意文化节"模式 "印象文化演出"模式
"虚假-虚假"	"过度创意"的活动	与遗产地文化历史无关的庸俗产品

6.2.2 "真实-真实"感知与文化保护

一个地方真正的文化传统，不光是在于那些古老的文物，更是一种融入百姓生活的态度和心情，是深入到文化心理层的深层次文化内涵。因此依据真实性感知原理，与"真实-真实"感知相对应的文化保护体现在原生态的社会日常生活、交往方式、情感和文化等内容，这些是文化精神的载体，以非物质的方式存在于真实的居民生活之中。

活动事件规划的"文化保护"策略主要体现在非物质遗产保护和文化体验方面，注重非物质文化遗产的保护和传承，例如：开展服饰、刺绣、雕刻等技艺的展示活动。为了展示遗产地的历史和文化，传播非物质文化遗产，最普遍的方式就是"博物馆展览"，这种方式在知识层面可以进行充分的展示和阐释，使主体获得知识型的真实性感知。文化博物馆展览模式，包括"静态博物馆"和"活态博物馆"。

（1）"静态博物馆"展览模式

静态博物馆展览指的是遗产地的各类历史博物馆、文化艺术博物馆、专类遗产博物馆。南翔历史文化陈列馆，是属于"静态"传统型的历史博物馆展览模式。陈列馆建筑面积约1200m^2，设有序厅、文物胜迹、街市老店、名人望族和特产习俗5部分展览（见图6-20）。

图6-20 南翔历史文化陈列馆

（2）"活态博物馆"展览模式

活态博物馆展览指的是民间舞蹈、民间曲艺等在遗产空间中由当地人进行表演的展示。例如服饰文化是一种民俗，由于认识到此非物质遗产的价值，江南水乡古镇的人们挖掘和保存了这种民间传统，每年举办"吴东水乡妇女服饰展"，通过水乡传统舞蹈表演、现场编织工艺展示等方式进行"动态展示"。传统服饰的女子倩装由于生活方式的改变，当今女子已不穿戴，但是作为遗产展示手段却具有保护优秀文化遗产的价值。

6.2.3 "真实-虚假"感知与文化传承

基于"真实-虚假"感知原理，人们对以现代方式再现的传统节庆和表演活动具有主体感知的真实性，在这一象限内相应的保护利用模式有"再现传统节庆"模式和"老字号产业链"模式，都是通过"文化传承"的方式，再现和发扬历史文化传统内涵。

（1）"再现传统节庆"模式

"再现传统节庆"模式是将历史上已经传承下来的节庆进行复兴，有的是现代人还一直在延续的重大节日，有的是历史上有现如今已经失传的节庆活动，无论是哪一种都应该深入挖掘遗产地的民风民俗，将传统的节庆再次呈现，重在"传统仪式"和"精神内涵"的继承。基于文化体验的活动事件策划要突出与历史文化的"关联性",注重营造"移情的体验",即把自己置身于他者的位置并幻变为意想的对象,从而实现情感的转移和短暂的体验(邹统钎,吴丽云,2003)。

上海南翔的小笼文化节(见图6-21)就是以"传承"为主线,策划"小笼传人""老街传说""古镇传神"3大板块,设置节日庆典开幕表演、南翔小笼美食节、千桌万人小笼盛会、南翔小笼制作大赛、南翔老街"寻龙记"等丰富的旅游体验活动。多元化、多方位、参与性强的活动引导居民和游客感受当地文化传统特色,在"知识"和"情感"两个层面上,达到良好的真实性感知效果,满足了游客"真实-虚假"型的文化体验。

图6-21 南翔小笼文化节
(图片来源:必应图片)

(2)"老字号产业链"模式

"老字号产业链"模式是通过挖掘当地历史上存在的餐饮、工艺品等古老商业店铺,复兴和传承其老字号商业文化,例如在传统街区附近打造特色小吃街巷,鼓励保持传统的配料、制作工艺和售卖方式。南翔古镇交通便捷,经济发达,目前在旅游经济的带动下,商贾云集,"大昌成""宝康""义顺源"等历史悠久的老店集中在解放街、人民街一带,有不少百年以上的历史的老店。规划对南翔"老字号"商业的历史、起源、典故以及经营的特色展开全面调查和收集,现在已经为"协记绸布店""宝康酱园"等数十家"百年老店"注入新的活力,使得"银南翔"的特色商业街风貌又再现于眼前(如图6-22)。

图6-22 南翔的老字号商业

历史城镇的"老字号"模式是文化体验的一种方式，然而却没有形成一种良性的"产业链"模式，缺少对"老字号"产品的认证，因此被随意模仿、抄袭，例如"万三蹄"是周庄著名的首推菜肴，俗称红烧蹄膀，原为周庄人过年婚宴中的主菜，相传是沈万三家招待贵宾的必备菜，然而"万三蹄"在江南水乡其他古镇也出现了，混淆了当地古镇的特色也削弱了周庄的文化。所以对于非物质遗产"老字号"笔者认为应该在法律和制度上健全非物质文化的"专有认证"制度，保证其"真实性"内涵的独特性，防止出现因为追求商业利益而使古镇处处雷同的现象。

对于"老字号产业链"的传承策略今后可以走一条"内部展示""外围生产"的道路，在经营上可以只开一家或几家经过"认证"的高质量店面，将制作技艺展示给人，其他的生产可以在遗产地的外围空间进行。这样既能盘活地域经济，又能避免景区内商铺使用功能的同质化。

6.2.4 "虚假-真实"感知与文化创新

文化创新是传统和现代的对话，是传统的文化基因和现代的创意形式的结合，构成了另外一个层次的文化体验。其活动事件策划的原则是要能够发扬当地传统文化的价值并具有创新性，为居民和游客提供"虚假-真实"层面的感知和体验。在"创意策略"的选择上，需要判别"虚假-真实"和"虚假-虚假"，再进行实际操作，规避出现"虚假-虚假"型的庸俗活动。

（1）"创意文化节"模式

与"真实-虚假"的地方传统节庆活动策划不同的是基于"虚假-真实"创意"文化节"的模式。指的是那些历史上没有存在过的"节庆"，因发扬地方文艺的需求而发展出的各种"文化节"的模式，在遗产地举办的各种书法绘画节、音乐节、戏剧节等都属于这种类型。基于真实性感知原理，这类活动需要尽量采用能引起访问者兴趣共鸣的场景，设置可激发共通点的内容（派恩，吉尔摩，2002），从而使访问者获得放松和娱乐的体验。

南翔古镇每年定期举办各类文化节，每年四月"牡丹节"，七月"荷花节"，十月"竹文化节"等（见图6-23）。例如七八月份在古猗园举办大型上海荷花节，将"太空荷花"作为展出策划的亮点，从全国各地寻觅"太空莲36号""风卷红旗""星空牡丹"等"太空荷花"珍品。在展示方式上，采用动静结合，通过荷间喷雾、漫步花道等互动展示提高游客的参与性。

（2）"印象文化演出"模式

"印象文化演出"指的是依托遗产地开发的大型综合艺术表演，通常被命

图6-23 南翔竹文化节

名为"某某印象",尊重历史和文化内涵,讲求内在线索的真实,结合湖泊、城墙、枣园、田野等真实自然场景进行。这种通过大型文艺演出的"看""听""说""触"等展示方式,能产生全方位的视听效果,获得"虚假-真实"型的真实性感知。

从文化体验的角度来看,"印象文化演出"是真实性感知理论和活动策划结合点之一。它将文化产品化置于"前台",一是保护"后台"居民的真实生活,二是保持后台与前台的适当距离和神秘感,也使产品更具吸引力。例如周庄近年推出"四季周庄"大型文化演出,是对观光型游览模式的一种转型,也提升了周庄的文化品位和消费体验的层次。

总的来说,基于"虚假-真实"感知的活动策划必须尊重历史,将当地文化和艺术情境化呈现,活动事件场景营造需要把地方的建筑物、园林、街道、水系等遗产环境资源要素有机地结合起来,基于地域的特殊性,彰显地方独特文化内涵。

(3)过度创意走向庸俗模式

活动事件策划的"创意策略"也存在创意过度、创意偏离遗产地文化的现象,归属为"虚假-虚假"的情形,无视历史的过度开发会破坏遗产地的文化氛围,一定要避免这类现象产生。举办与遗产地无关的商业节庆,建设现代游乐园,这些既破坏遗产地的氛围,也使得访问者的体验失真。例如朱家角古镇上"铜钱馆"则是完全出于商业目的,是安徽某地一座民间神仙馆的连锁店,与古镇的历史文化不相符,破坏了古镇的游览氛围,对古镇持续发展不利,类似这种做法应该严格禁止。因此,"虚假-虚假"象限内过度开发的庸俗产品,应当在活动事件策划和规划过程中规避。

6.2.5 活动事件规划策略小结

在活动事件策划方面,根据真实性感知维度,可以在"真实-虚假""虚假-真实"两个象限内通过文化传承和创新的手法,实现文化产品的塑造,引导主体真实性感知。

对于"真实-虚假"象限的文化活动展示，关键在于"如何传承"，必须严格延续历史文脉，不可为了旅游肆意更改文化内涵。其文化传承的尺度应该是：传统节庆应在沿袭传统演艺、庆典、民俗形式的同时注重活动背后深层的地方文化；各类工艺、技术应通过传承的方式留传，延续传统技艺，而不仅是销售商品；老字号店铺应该注重文化鉴定和认证的管理，保证文化内涵的可持续性。

对于"虚假-真实"象限，重点在于"如何创意"，具体的衡量标准和尺度是：旅游节庆可运用能反映传统文化精髓的现代组织手法进行创新，如乌镇戏剧节；旅游商品或纪念品必须具有本土特色，而非笼统地反映中国特色，造成国内诸多景区商品雷同的现象；旅游服务空间的建筑和装饰艺术要能够体现传统文化底蕴，与古镇风貌相协调而非纯现代主义风格。同时，对于"虚假-虚假"象限中出现的外来文化异化本地乡土文化的产品，必须加以制止。

6.3 基于公众沟通的信息阐释与展示

历史城镇的保护利用既要保存文明进程的物质、非物质文化载体和形态，更应该保存与这些文化密切相关的"历史信息"，这也是遗产地实现价值阐释和传播的根本途径。本节将基于真实性感知原理的多个维度，探讨信息阐释与展示的多种策略。

6.3.1 信息真实与公众沟通

6.3.1.1 信息的真实性

传统的认识论认为主观与客观相符即为认识真实性，并没有划分层次。从哲学意义上讲认识的真实性可以分为3个层次：感觉的真实性、信息的真实性和本体的真实性（陈建国，1986）。本文的研究范畴应属认识真实性的哲学意义在遗产学科方面的具体应用，遗产地的主体认识真实性并不是单一的，也分为本体、信息、感觉等3个方面的层次。客观事物是认识的根源，信息是认识的媒介，感觉是认识的起点。

（1）感觉的真实性

现代心理学已经证明，当外界"信息"以一定的形式（声、光等）刺激人的感觉器官时，感受器将能量转换为神经脉冲，一部分传导进入大脑，最后在大脑的特定部位形成"感觉"。因此"感觉的真实性"指的是：信息作用于人的感觉器官后在大脑中形成的反映。这个概念是相对于信息来说的，因为客体和主体的第一次接触不是客体本身，而是信息，所以感觉真实性对作用信息来说是真实的。感觉真实性判断的内容和标准是：感觉是否由信息作用引起以及感觉是否与信息相吻合。

（2）信息的真实性

信息本身也有真假，因此有必要将认识的真实性分出第二个层次"信息的真实性"。信息是借事件表现内涵的方式，可以被感觉和被认识，也就是说人们通过信息来揭示客观事物的本质。因此，"信息的真实性"指的是建立在真实感觉基础上的认识反映的信息。这个信息是由客观事物发出的，而不是其他的信息。信息真实性判断的标准是信息是否由客观事物发出，且是否清晰准确。

（3）本体的真实性

"本体的真实性"是指认识能够真实地反映客观事物的本质，这是最高层次的真实性认识（陈建国，1986）。本体的真实性是纯粹客观的，对它的认识只能无限接近但无法完全达到。从这个意义上讲，人对本体的真实性认识层次的判断与"客观真实性"是相似的概念，在社会学提出"客观真实性"概念之初，指的就是主体建立在认识论基础上的对客体的感知，而从本位观的角度出发几乎等同于客体的真实性。认识"本体的真实性"在人类实践活动中是通过信息的认识和科学推理实现的，这就形成了附加在客观事物上的主观成分，接近但无法绝对达到。

综合而言，3个层次的真实性的内涵和判断标准均不同（见表6-5），它们之间又互为基础，感觉的真实性是信息的真实性的基础，信息的真实性是本体的真实性的基础。认识层次的提高，需要在每个层次都剔除虚假性，向真实性靠近。3个层次既相互关联又具有共同的特点，即它们都是客观作用于主观，并且在主观方面产生认识与认识的来源之间的某种程度的契合，是感性认识到理性认识的不同阶段，它们相互渗透、共同发展。3个层次中，"信息的真实性"作为中间过程，一方面依赖于客观事物发出的信息，一方面也有赖于人的感觉和知觉，信息真实性在客体和感知主体之间具有"桥梁"的作用。

因此，在遗产保护和利用方面，遗产信息是遗产客体价值实现的主要媒介，通过深入分析"信息真实性"的构建过程，搭建起遗产客体真实性和遗产主体的真实性感知之间"公众沟通"的有效途径。

认识真实性的3个层次的比较　　　　　　　　　　表6-5

认识的真实性层次	内涵	判断对象	判断内容
感觉的真实性	信息作用于人的感觉器官后在大脑中形成的反映	感觉——剔除非刺激形成的幻觉，剔除虚假的错觉	感觉是否由信息引起，感觉是否与信息吻合
信息的真实性	建立在真实感觉基础上的认识所反映的信息	信息——有些反映事物本质，有些反映事物现象	信息是否由客体发出，信息是否清晰准确
本体的真实性	认识能真实反映客观事物的本质	本质——剔除不代表事物本质的信息	认识是否与客观事物完全符合

6.3.1.2 信息阐释与展示的原则

遗产的"阐释"和"展示"作为一种重要的遗产保护和利用策略，近年来越来越多地受到学术关注（陶伟等，2009；张成渝，2012；Johanne & Karina，2014；Graeme，2014）。2008年，在第16届国际古迹遗址理事会（ICOMOS）大会上，通过第一个关于文化遗产地"阐释和展示"原则的国际性文件《文化遗产地阐释与展示宪章》（the Charter for the Interpretation and Presentation of Cultural Heritage Sites），确立真实性、完整性、社会责任、文化意义等遗产阐释的基本原则和目标，并提出以阐释与展示为途径的公众沟通（public communication）的目标。本章构建的主客真实性的互动机制，旨在寻找文化遗产的真实性价值与居民、游客真实性感知之间的价值传递和沟通过程，在这个价值实现过程中，信息真实性的"阐释与展示"起到决定性的作用。

（1）阐释、展示的概念

"阐释、展示"相关的学术和实践领域采纳的词汇有：传播"communication"、普及"popularization"、展示"presentation"、阐释"interpretation"、解说"interpretation"等。阐释（interpretation）的功能性定义为"透过原物的使用、直接的体验及辅助说明的媒介，以启示其深远含义与教育活动，而不是仅传递确实的信息"。《巴拉宪章》（1999）采用"interpretation"；《中国文物古迹保护准则》（2000）提及"展示""展陈"，英文是"reveal"；另外，旅游界学者更偏好解说（interpretation）研究（吴必虎等，2003；陶伟等，2009），而遗产保护界学者更偏好展示（presentation）研究（陶亮，2008；郭璇，2009）。

《文化遗产地阐释与展示宪章》（2008）对"阐释"给出确定性的定义：为了提高公众对文化遗产地的认识和理解力而进行的一切潜在的活动，包括印刷品和电子出版物、公开讲座、现场装置和直接相关的非现场装置、教育性项目、社区活动以及对阐释过程本身持续的研究、培训和评估。《文化遗产地阐释与展示宪章》中对"展示"的定义是：特指基于阐释内容精心策划的交流，一般通过要阐释的信息、实物理解以及相关设施的安排来实现，它可以借助各种技术方式，比如信息板、博物馆式的陈列、规范化的徒步旅游、有演讲或导游的旅行、多媒体的应用以及网络等途径。

两个概念中"阐释"更强调的是解说的内容，而"展示"强调的是解说的实现方式；"展示"更多地是由专家或专业人士对公众的单向沟通模式。而"阐释"则涉及多方利益相关者。阐释与展示是两个不可分割的概念（张成渝，2012；丛桂芹，2013），阐释与展示的前提是对文化遗产客体价值的挖掘，也就是信息源的内容要真实。而阐释与展示的方式则是基于遗产教育、社区发展、代际对话等需求的具体实现路径（见图6-24）。

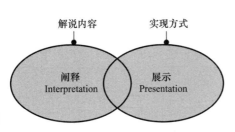

图6-24　阐释与展示关系图

（2）阐释、展示的真实性原则

在认识到阐释与展示是文化遗产保护管理重要的组成部分的前提下，《文化遗产地阐释与展示宪章》对阐释和展示原则的建议为：无论采取何种形式的媒介解说，都应该遵循渠道和理解、信息来源、重视背景环境和文脉、保持真实性、可持续性规划、关注涵盖内容、研究培训和评估的重要性7项原则，其中基于《奈良文件》真实性基本原则对真实性的保有做了详细规定：①文化遗产的真实性既关乎物质遗存，也关乎所在社区。遗产阐释与展示的设计应该尊重遗产地的文化社会功能，地方居民和社区的文化习惯。②阐释与展示应该表达遗产的重要价值并对文化遗产地的真实性进行保护，使其免受负面价值的影响，避免对遗产造成不可逆的改变。③所有可视设施（比如亭子、步行线路、信息板等）必须和遗产地的特征、环境、文化、自然价值相互协调，易于识别。④现场音乐会、戏剧表演及其他展示活动，必须以保护遗产地的价值和物质环境为前提谨慎策划，对地方居民的干扰也要降到最小。

可见，阐释与展示从目标来看是为表达遗产的重要价值；从内容上来说，要尊重遗产地居民传统文化习惯；从设施上来看，媒介和设施的设计要与遗产地文化、自然环境相融；从活动上来看，策划的方式和手段都要审慎避免对遗产地物质和人文环境造成干扰。

通过以上分析，可以发现在阐释与展示的真实性原则中，界定了不应该做什么，应该怎样做以体现"真实性"的问题。但宪章并没有给出具体的准则，本节试运用真实性多维感知理论，对信息的阐释展示的对象、方式、策略等进行研究（见表6-6）。在阐释与展示操作过程中，一方面需要保护遗产的真实性，另一方面也不能回避访问者体验的真实性（杨丽丹，2011）。因此规划需要在不影响遗产真实性的前提下，通过各种设计和技术手段创造真实、丰富的体验。

基于真实性感知的信息阐释与展示策略　　　　　　　　　　表6-6

感知层次	感知信息载体	阐释与展示策略
真实-真实	文物古迹、古籍、地方志、纪事、口述、纪录片、历史游记、笔记小说、博物馆等	信息保存、实录
真实-虚假	简介手册、导览图、解说板、宣传片、导游词、传统节庆、多媒体展示馆等	信息重构、再现
虚假-真实	遗产地文化相关的戏剧、小说、影视、广告、音乐、舞蹈、活动等	信息再生、创意
虚假-虚假	内容空洞、叙事单调、滥俗的信息	信息错误、空洞

6.3.2 "真实-真实"感知与信息保存

遗产地访问主体的真实性感知过程其实与信息真实性的构建和传播过程相对应。在"真实 - 真实"象限，信息"保存"方式有：古籍、地方志、纪事、口述、纪录片、历史游记、笔记小说、博物馆展品、档案文献等，均来源于实证类信息。

南翔镇的历史文化陈列馆和南翔图书馆中保存了大量实证类的信息源，馆藏书籍 1.4 万多册，其中有《南翔镇志》(张承先，2003)《云翔寺志》(慧禅，2009)《檀园集》(李流芳，2013)《三槎风雅》(朱抡英，2008)《香域集》(释敏膺，2012)①等古籍和地方志类的信息载体（见图 6-25)，还有如《名人与南翔》《南翔小笼》②(严菊明，严健明，2009)《南翔民间故事》(陈建平，2008)等著作，也记载着南翔镇独特的历史文化。古镇定期举办"鹤吟槎溪，共享经典"阅读活动，为古镇居民提供"真实 - 真实"类的信息源。

 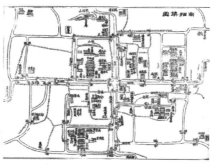

图6-25 南翔镇志及嘉庆年间镇图（图片来源：嘉庆《南翔镇志》）

---

① 此处所举古籍多为明清时的作者，时间按现出版的日期，详见文后参考文献。
② 《名人与南翔》《南翔小笼》两本书均为严菊明和严健明 2009 年所著，详见文后参考文献。

另外，在非物质文化遗产的信息保存方面，应该建立博物馆，例如南翔小笼 2014 年被第四批国家级非物质文化遗产名录收录，但南翔古镇目前还没有专门的"小笼历史文化陈列馆"。因此，应该深入挖掘小笼文化的内涵，设置小笼文化的展示区、体验区、传习基地，还可成立"南翔小笼文化研究所"，通过文献、图片、实物等载体，以声、光、电等方式展示南翔小笼的历史起源、文化渊源、传承工艺。

6.3.3 "真实-虚假"感知与信息重构

在"真实-虚假"象限，信息真实性以再现、复制的方式表达，并不是第一手资料的呈现，而是通过简介、概览、缩本、导游词等方式进行转译，借助简介册、导览图、解说板、多媒体展示馆、宣传栏等媒介对真实历史信息进行表达（见图 6-26），关键点是其内容不能脱离历史的真实性，必须以历史文献记载为依据，严格遵循事实。

图6-26 简介册、解说词等信息重构方式（图片来源：必应图片）

信息媒介的选择在阐释与展示中是很关键的，媒体包括向导式媒体和自导式媒体。向导式即人工媒介，指的是人来做传播知识的媒介（戴伦，斯蒂芬，2007），如讲解人员、导游、接待员、引路员等，也包括真人秀、角色扮演、文化表演等。需要注意的是要提高景点内解说人员和导游的专业素质，取消"大喇叭"、非专业及"奇闻轶事"式的解说词，应该真实传递和输出遗产地历史文化信息。自导式即非人工媒体，指不需要员工介入而使游客获取知识的装置与设备，包括视觉媒体和听觉媒体。

无论是哪一种媒介，都不能凌驾于遗产资源之上，阐释与展示内容应尽可能真实。例如在遗产地建立"虚拟展示"放映厅，用 4D 展现当地的历史发展脉络和民俗风土人情，或在游客中心、咨询处和重要景点放置触摸式的电子导引机器。

6.3.4 "虚假-真实"感知与信息再生

在"虚假-真实"象限，信息阐释展示的方式，表现为具有传统文化内核的创意，是对于当地独特历史文化的提炼，其表现方式有戏剧、小说、影视、广告、音乐、舞蹈等。

例如南翔舞剧《老街童趣》、乌镇影视剧《似水年华》等具有影响力的文艺作品（见图6-27），都是利用影视、音乐、舞蹈等艺术形式展现遗产空间环境和人文内涵，体现历史城镇的风景、历史、人文风情或地域文化韵味。江南水乡的古镇还有许多画家进行手绘风景画的创作、反映民风民俗的小说、反映古镇风情的书法雕刻作品等，都体现了信息阐释与展示中"信息再生"的策略。

图6-27 舞剧、影视等信息再生方式（图片来源：必应图片）

另外，一旦信息再生的创意策略背离当地传统文化的精神，流于内容空洞、叙事单调、文本滥俗的状况，就会落入"虚假-虚假"的象限。这是信息构建和传播中要避免和反对的，我们应该倡导独特的、能反映地方精神的传播方式。

6.3.5 信息阐释与展示策略小结

以上基于对真实性感知不同象限内信息的保存、重构、再生等策略的探讨，研究将遗产价值的实现聚焦于遗产阐释与展示的具体方式和途径上。信息内容真实性和信息媒介的生动性之间的关系体现了遗产访问主体动机和需求的差异（见图6-28）。对于遗产媒介的

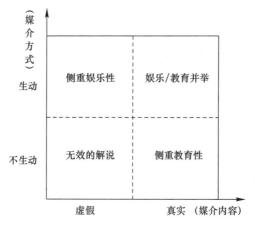

图6-28 信息媒介内容和方式关系图

选择，往往要同时考虑教育性和娱乐性。如果内容真实而媒介不够生动，就缺少娱乐性；如果媒介生动而内容不真实，就缺少教育性。所以要针对不同类型的主体选择恰当的媒介，使信息的阐释与展示方式生动，内容真实可信。

研究总结出信息阐释与展示的"METT四维"结构（见图6-29）。（1）媒介维（M）：从阐释方式上，应该认识人工、非人工媒介在遗产信息传播和真实性传递的优劣势，对不同媒介的适用性进行评价并且指出未来进一步拓展的可能性。（2）操作维（E）：应与规划管理领域目前对遗产的保护利用相衔接，运用遗产体验、信息刺激、规划设计的原理探索遗产地阐释与展示方式，包括其宏观和微观的实现途径，这是遗产教育和体验生成的重要环节。（3）时间维（T）：遗产信息的认知和体验包括先前建构、在场解码、后动作用3个方面，对信息阐释和展示不应停留在场地的范畴，还应关注整个信息建构和反馈过程。（4）技术维（T）：信息技术的发展已经迅速渗透到遗产领域，为虚拟景区、智慧景区到云旅游方面提供了无限的技术可能。

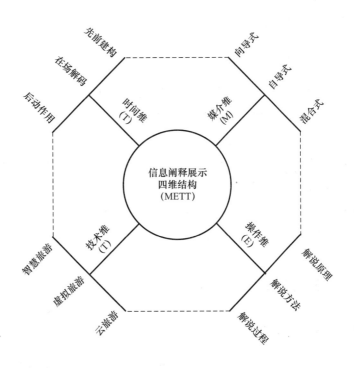

图6-29 信息阐释与展示的METT四维结构

6.4 发展遗产地域综合体

遗产地域综合体是与遗产地相关的人文和自然要素，按一定结构和功能机理构成的一个复杂开放的遗产地系统。遗产地地域综合体是历史城镇保护利用的最终途径,这种综合体由一系列的空间链、事件链、产业链、信息链构成,将遗产保护区域纳入整个城市发展的规划中,注重其经济、文化、自然和生态的延续性。

6.4.1 建立遗产地多元产业链

6.4.1.1 激发产业多元化

从遗产地自身发展来看,江南水乡古镇在新的时期,应该将以往的观光式旅游产业单一模式转变为多元化产业发展模式,如学习型、度假型、会务型模式等(阮仪三,袁菲,2011)。比如乌镇目前已经成为大型会议、企业联谊的目的地,2014年举办的"首届世界互联网大会"在乌镇圆满落幕。另外,配合学习型社会的发展诉求,还可以开展游学服务,比如江南建筑艺术游、古典园林游等,达到遗产教育的目的。

6.4.1.2 拓展区域产业链

从区域层面来看,古镇未来发展应该与周边地块对接和互补,发展无污染的服务性产业,例如文化产业、教育业、特色商贸业,传统手工业的研发、生产、销售等,从而分解古镇核心区的压力,也激发古镇现代生活的潜能;并在更大的区域范围,将古镇打造成人性化的、可亲可近的和谐人居环境,使其成为具有江南地域文化基因的水乡新城镇。从区域性的"江南水乡文化生态保护区"来看,古镇应该向"水乡地域空间一体化""水上休闲一体化""产购销特色产业一体化"以及"水乡民俗文化一体化"发展。

6.4.2 打造遗产地文化体验链

6.4.2.1 提高文化体验层次

文化体验包括浅层次和深层次,浅层次是传统的游览、观演,深层次则是要调动起主体的"听、闻、味、触"等多种感觉,全方位地联结人与活动的互动关系。述行真实性的研究也揭示了"参与性"活动是提高真实体验的重要途径之一(Knudse,Waade,2010)。

南翔小笼文化节每年在金秋时节开幕,第一个重要的活动是"千桌宴",在南翔老街上摆起长龙般的宴席,提供小笼的店铺都是经过"认证"的,增加了文化内涵的真实度,比如有些店面的小笼制作过程可以通过橱窗直接参观,产品制作过程的展示也增强了文化体验的真实性。另外,最具参与性的体验是现场"包小笼体验"活动,为游客提供一种深层次文化体验。许多游客选择将包好的小笼当场蒸熟食用,也有再购买几包带回去的,正如戴伦(2014)的研究指出,在生产的地方和过程中购买会"提高旅游体验的真实性"。

6.4.2.2 延伸文化体验深度

"文化体验"不仅是针对游客,更重要地是对古镇居民日常生活文化体验的塑造。小笼文化节的"千桌宴"和"动手包小笼"是针对"游客"推出的旅游产品,而围绕小笼文化节开展的"衍生活动"则是为了吸引众多当地居民共同参与和体验,这正是南翔古镇居民与游客和谐共存之魅力所在。

与南翔小笼文化相关的文化衍生活动还有摄影比赛,邀请摄影爱好者捕捉小笼文化节的精彩画面、老街、古镇特色景观,由上海摄影行业协会等专业组织、协办、评奖,使得传统文化的体验不仅是观光和游览,还有用心体验和感受后的创意,这是延伸文化体验深度的一种途径。

还有一些具有参与性、互动性的文化体验活动,例如与中国雕塑网合作开展以南翔小笼馆为主题的雕塑作品比赛,不但从艺术范畴反映南翔的历史文化和古镇风情,而且是结合"历史文化"和"现代审美"的体验活动,正如摄影、书法等衍生艺术活动,也是融合居民"生活真实"和游客"体验真实"的有深度的文化体验。

6.4.3 构建遗产地信息传播链

6.4.3.1 信息建构

从传播学的角度来看,历史城镇保护和利用过程中的认识不仅是一种客观存在的实物,而是被不断建构的,以适应不同主体对遗产价值的需要。不同的主体包括国际遗产保护组织对"突出普遍价值"的建构,国家对遗产情感和象征价值的建构,商业对遗产经济价值的建构等。建构的核心途径可以从以下3个层次来认识:

(1)遗产知识和信息来源的真实性

文化遗产价值的评估是依据有关信息和文献的真实性和可信度。《奈良文件》指出,保护文化遗产的前提是它们具有价值,而价值的判断取决于知识来源是否真实可信,也就是信息是否真实,所以真实性是遗产价值是否达到要求的必要因素。对"真实性"的认识和判断，国际上强调应该根据文化背景的不同体现差异性和地方性。只有在对遗产关键知识和价值真实性认识充分的基础上，遗产的阐释和展示才有据可考，传播中的"解译"才是有效的（黄明玉，2009）。

（2）符合当代价值观的重构

任何时代对遗产的认识和解读都是当代的，并且采纳的是一种可以被当代接受的方式。确认文化遗产来源的真实性之后，是要将承载着历史信息和记忆的文化遗产置于当代的社会文化背景中，将过去的遗产与当代价值观对接，通过一种恰当的方式重新建构。在这里一定要厘清一个概念，就是每个时代都有其价值观，而遗产价值在历时性的层面上不是一成不变的，会随着价值观的改变被重新建构，提炼出被当代认同的价值。

（3）在遗产地的历史脉络中建构

遗产是时间和空间交融的产物，它的价值不仅在于实体，更在于与遗产地相融的历史脉络的环境。建构遗产的关键知识，不止是关注遗产客体本身，还应该在时间上追溯历史脉络，在空间上扩展到遗产周边环境，用整合性思维来透析文化遗产的整体价值。

在文化遗产的关键知识和真实价值被认识后，传播的基础"编码"便得以实现，进入第二个阶段即文化遗产真实信息的阐释和展示阶段，也就是"解码"和"传播"过程。

6.4.3.2 信息传播

与文化遗产价值"传递"密切相关的有3种方式，即学术传播、展示性传播与大众传播，其中学术传播是属于学术性质的阐释，展示性传播和大众传媒传播则是对文化遗产价值的普及性阐释（丛桂芹，2013）。

（1）学术传播

在文化遗产价值"传递"过程中，学术传播是非常重要的传播方式。尤其是对于遗产内在价值的认识，需要借助一定的手段提炼、揭示其信息内涵，这主要依靠学术研究与传播来实现。历史城镇的保护理念是从学者的研讨和传播中展开的，这些关于"真实性""遗产价值"等一系列问题的研讨，通过学术传播的方式使得公众转变、拓展了遗产的观念和知识结构（阮仪三，林林，2003；张松，2008；Pendtebury, Short & While, 2009；邵甬，2010；吕舟，2014）。学术传播是普及性传播的基础，通过信息和知识的阐释，推动公众保护意愿的产生、保护策略的制定。

（2）展示传播

文化遗产的价值必须通过展示的方式，才能够被公众认知、了解、体验。

展示传播是指在文化遗产地借助展示手段说明遗产的内容、价值和文化意义，使公众能够充分体验和认识遗产的价值和意义。展示传播的层次常与遗产旅游活动相结合，游客访问遗产地的教育、体验、怀旧等不同需求和动机，产生了对遗产精神和价值展示的不同要求。在展示传播中，手段和设计方式非常考究，好的展示方式既彰显历史又不影响古迹，还会为游客留下深刻的印象。需注意展示中不应出现真假的混淆，从而影响真实性的认识。

（3）大众传播

大众传播的意义在于学术传播和展示传播的进一步公众化，吸引更多的关注，使得艰深的遗产知识通过大众媒体（文字、图像、网络）易于传递和普及，也同时促进政府和相关遗产管理部门制定相关政策和措施，改进遗产保护和利用途径。大众传播的根本原则是保持信息的真实性，使得遗产地的文化信息链能真实、有效地反映遗产的价值和意义。

6.4.4 避免遗产地过度商业化

6.4.4.1 过度商业化有损真实性

简单地说，商业化是将物体、服务或者社会关系贴上商业标签在市场上出售，以获取报酬和利润的过程（苏晓波，2013）。真实性与遗产地商业化就其本身而言并不矛盾（Cohen，1988），虽然商业化引发遗产地的变化，但不一定会破坏文化产品的价值，适度的商业化可以复兴当地传统文化。因此，商业化不一定会损害遗产的真实性或破坏文化产品的意义，也不一定会影响当地人和游客对遗产的真实性感知。例如，西塘的原居民依然生活在古镇上，被称为"生活着的水乡"。镇上原居民经营家庭旅馆，使得白天的水乡百舸争流，夜晚的小镇万家灯火。适度的商业化并没有破坏当地的文化，反而复兴和延续了热闹亲和的小镇生活。

但是，随着遗产旅游的蓬勃兴起，"过度商业化"成为遗产地普遍的问题，其原因：一是急功近利、追求利益，出现经营、风貌和环境上的过度商业化；二是在资源保护和旅游调控方面缺少合理的规划和管理。因此，过度商业化会损害遗产地的真实性。

6.4.4.2 过度商业化的衡量标准

首先，遗产地商铺面对的是本地居民还是外地游客，两者之间的比例体现了遗产地的"商业化程度"，例如丽江古镇内的店铺，69.66%的目标顾客是游客，19.92%面向游客和居民，而面向居民仅有10.42%，比例接近为7∶2∶1，可以认为丽江古城已经过度商业化（保继刚，苏晓波，2004）。

其次，判断是否过度商业化，还应该看遗产地出售的商品的性质和内涵，如果是与当地文化传统一脉相承，则是可以允许的，这样的商业与真实性不矛盾；如果经营的商铺内容是与遗产地格格不入的，就会对当地的独特文化造成"异化"，削弱文化的独特性，会因过度商业化而失去自身文化，应坚决制止。

遗产地的经营必须由当地统一的经营机构来管理，避免商铺为了眼前利益无序发展，使得沿街充斥着低廉无特色的小商品，应进行差异化经营。例如，乌镇店铺的"差异化"管理，使每家经营的内容都有区别，有效避免了千篇一律的状况。并对质量和价格严格把关，使得景区的商铺、住宿、餐饮经营走一条差异化的精品路线，一定程度上避免了过度商业化。

6.5 本章小结

本章是真实性感知理论在历史城镇保护利用中的具体应用，着重探讨了空间规划、活动策划、信息传播等多个方面的操作方法和尺度，并指出未来遗产地域综合体的建设应从多元化的产业链、参与性的体验链、真实性的信息链等多个层次考虑和规划，保持地域文脉的可持续发展，避免文化异化和遗产地过度商业化。

如表6-7所示，在物质空间规划中，与"真实-真实"和"真实-虚假"的感知象限对应的保护策略是修缮和重修，传统文化遗产保护手段正是基于这2个象限进行的。划定保护范围，严格控制风貌协调，但是对于保护范围以外的区域的关注不够，有些古镇在保护范围外肆意修建大体量现代高层建筑，对遗产地的破坏性极强。所以本研究认为基于"虚假-真实"型的真实性感知，应将整体性保护的范围扩大到外围环境区域。新建筑的建设也要基于当地历史文脉，具有当地地域文化基因，应该成为遗产地新貌的和谐组成部分，与历史风貌保护区也应相互协调和融合。

在活动事件策划方面，"真实-真实"是指保持和保护当地传统生活方式，"真实-虚假"象限对应非物质文化的传承，将文化物化和活化为可见、可体验的活动和事件，"虚假-真实"象限对应的是基于传统文化脉络创意的新的文化体验方式。后两者在遗产地的规划和策划中有待进一步提升。目前存在一

真实性感知与保护利用策略　　　　　　　　　　　　　　　　　　表6-7

保护利用策略	真实性感知象限			
	真实-真实	真实-虚假	虚假-真实	虚假-虚假
物质空间规划	■	■	◇	×
活动事件策划	■	◇	◇	×
信息阐释展示	◇	◇	◇	×
	继续保持	重点挖掘	谨慎操作	坚决批判

（注：■表示目前规划中已经重视的部分；◇表示规划中未引起足够重视，需要关注的部分；×表示坚决反对和批判的部分。）

些不尊重传统民俗的现象，例如天天过泼水节，是将古老的传统文化体验降低为庸俗的快餐消费，属于"虚假-虚假"的类型，这些做法严重破坏了非物质文化遗产的内涵。

信息阐释与展示方面是亟需重视和提高的，目前在遗产教育和公众沟通方面做得还不够。遗产地的宣传、解说、展示不能过于迎合游客的需求。在"真实-真实"象限，需要保护和留存大量的地方古籍，运用数字化技术留存和展示遗产信息；在"真实-虚假"象限，需要重视社区参与和遗产教育，请当地的居民口述他们的历史和文化，再现这些真实的信息，达到遗产教育和体验的目的，解说词和宣传材料都应经过严谨的研究和展示方式的设计，避免对历史的歪曲和编造；在"虚假-真实"象限，通过现代优秀文艺作品等方式全面反映遗产地的建筑、民俗等文化，最终达到对遗产地文化信息多维度、全方位阐释与展示的目的。

第7章 结论

本书从遗产访问者居民和游客的角度，探讨真实性感知的产生、作用和影响机制，揭示了居民和旅游者是以何种方式、何种程度体验和影响遗产的展示内容和呈现方式，将文化遗产的认识从传统上单向的价值传输过程，转向双向互动的价值沟通过程。主要研究结论如下。

7.1 居民-游客真实性感知的多维机制

（1）居民真实性感知构成

研究运用隐喻抽取技术（ZMET），揭示了居民真实性感知的3个维度，即遗产地的客体目标物要让居民能够感受到象征了历史、见证了地方发展、愉悦了身心，研究最后将其理论化为历史真实、发展真实、生活真实。

（2）游客真实性感知模型

研究通过结构方程模型（SEM）构建"游客真实性感知"模型，证明在游客感知中客观真实性对存在真实性具有正向作用，述行真实性对客观真实性和存在真实性具有中介效应，验证了述行真实性在游客感知过程中的中间键的作用，进而呈现出游客的感知规律是"客观真实性、述行真实性、存在真实性"三位一体的发生过程。

（3）真实性感知机制的多维性

居民和游客的感知发生过程机制其实是两个互动群体在遗产地多维空间、多种时间界面中既相互作用又矛盾统一的行为过程。研究进一步揭示了居民-游客互动真实性感知的多维性，将居民、游客的各种感知类型进行"真实/虚假"四分矩阵的解剖，包括真实-真实、真实-虚假、虚假-真实、虚假-虚假4个维度的真实性感知，并对应不同的遗产保护利用手段和现象，探讨了各自的呈现方式及其两级性，从而较为全面和综合地阐明了居民-游客真实性感知的多维机制。

7.2 历史城镇多维时空保护利用策略

研究通过深入的社会调研和分析得出居民、游客的真实性感知是多维度、多层次、多要素的综合，因此研究指出历史城镇的保护利用也应该是多维度、多时空、多链条的发展模式，进而提出在空间规划、活动策划、信息传播等多个方面的操作方法和尺度，指出未来遗产地域综合体的建设应从多元化的产业链、参与性的体验链、真实性的信息链等多个层次进行规划。

（1）物质空间规划策略

在历史城镇的物质空间规划方面，应从宏观和微观两个层面进行考量。在宏观尺度上，要保护传统风貌、空间肌理、街巷、重要轴线、场所、边界等整体空间和环境；在微观尺度上，主要保护传统建筑和室内外空间。在真实性感知矩阵的"真实-真实"象限，采用的是修复策略，对应遗产保护的核心区。对具有显著历史价值的文物古迹、历史空间进行修复和修缮，保证设计、工艺、材料的真实性，如果需要注入现代功能，展示和利用应具有可逆性。在"真实-虚假"象限，其策略是重修，对应于核心区及控制区。对于具有重要历史价值的历史遗存，确实需要重建的建筑，应在严格依据文献记载的基础上，提交并通过有关部门审批，谨慎地予以重修，在材料和工艺上要尽可能符合原有条件。在"虚假-真实"象限，采用衍生手段，针对遗产保护核心区以外的区域适当进行新建，运用传统元素创造新的和谐空间环境，打造出延续历史脉络、风貌协调的遗产地域形象。"虚假-虚假"象限是不以历史为依据的重修和乱建，也导致了造假等不恰当的利用行为，要坚决反对。本书指出历史城镇物质空间规划的准则应该照顾到保护区周边环境区域，周边环境的新建筑也要遵循相应准则，即基于当地历史文脉，反映地域文化基因，改善空间品质，提高居民生活环境，将整体性保护理念拓展到整个遗产地空间，综合协调发展。

（2）活动事件规划策略

在活动事件策划方面，"真实-真实"象限指的是保护历史城镇活态的居民生产生活方式，在"真实-虚假""虚假-真实"两个象限内，通过文化传承和文化创新的手法，进行文化产品塑造，引导主体真实的体验。"真实-虚假"象限，相应策略是传承，是将遗产地传统的非物质文化，物化和活化为可见、可体验的活动，关键在于传承的手段必须严格延续历史的文脉，不可为了旅游随意更改其内涵。对于传统节庆应在沿袭传统演艺、庆典、民俗形式的同时注重对精神内涵和意义的挖掘和展示；对老字号产业应注重文化鉴定和认证的管理，保证文化内涵的可持续性。"虚假-真实"象限重点在于"如何创意"，顺应传统文化脉络，创造出新的文化体验方式。旅游节庆活动的创意可运用现代组织方式，但必须能反映传统文脉精髓；旅游服务空间的建筑和装饰艺术要能够体现当地历史文化底蕴，旅游商品创意应具有鲜明的本土特色。另外，对于"虚假-虚假"象限中出现的外来文化异化本地乡土文化的现象，应予以制止。在遗产地利用过程中，各类活动事件的策划都应尊重居民的生活习俗和发展需求，回应公众及游客的文化体验，通过构建独特文化意象来增加居民自豪感,并对游客形成吸引力。

(3)信息阐释与展示策略

遗产地访问主体的真实性感知过程其实与信息真实性的构建、阐释、展示和传播过程相对应。广义上讲,前述物质空间和活动事件一定程度上都承载了遗产地的历史文化信息和地域特征。狭义上讲的信息载体亦可从4个象限来解读。在"真实-真实"象限,信息表达方式有古籍、地方志、纪录片等实证类信息,需要严格保护和留存,应利用数字化技术提高遗产信息库建设。在"真实-虚假"象限,信息真实性以再现、复制的方式来表达,不是一手资料呈现,而是通过简介册、导览图、解说板、导游词等媒介进行表达。最关键的是其内容必须严格遵循史实,以历史文献记载为依据,应注重居民社区参与遗产解说,口述和再现历史文化,避免肆意编造破坏遗产地文化的现象。在"虚假-真实"象限,信息表现为运用再生手法体现当地的文化特色,是对当地独特的历史文化和艺术的再提炼,表现方式有戏剧、影视、广告、舞蹈等,它们从侧面反映遗产地的建筑、民俗等文化,并借助创新使得传统文化和现代发展相融合;创意主旨若背离当地文化的精神内涵,流于滥俗就会落入"虚假-虚假"的象限,要尽可能避免,提倡运用独特的、能反映地方精神的信息媒介叙事。在遗产解说规划、游憩策划中应同时兼顾内容真实性和信息媒介的生动性,依托大数据等信息技术把控信息构建、传播及反馈的全过程,实现基于公众沟通的遗产保护、教育和体验。

综上所述,研究对居民和游客在同一时空内的真实性感知过程机制进行挖掘,不仅观察了影响感知的外部因素,还提出感知的内部发生机制及多维感知类型之间的相互影响关系,对遗产领域基础理论研究有一定贡献。另外,研究提供了一种对历史城镇建构真实性的可操作和把控的尺度,在遗产保护的准则下探讨空间规划、活动策划和信息阐释的衡量标尺,防止不尊重历史、建造"假古董"、产品走向庸俗化等影响遗产可持续发展等行为的发生。本书研究成果为历史城镇的保护和利用提供一种参考,未来应用可以拓展和细化为更具体的规划设计方法导则,有针对性地指导遗产地的保护和发展。

参考文献

[1] (美)派恩, 吉尔摩著. 夏业良等译. 体验经济[M]. 北京: 机械工业出版社, 2002.

[2] (美)斯特劳斯, 柯宾著. 吴芝义, 廖梅花译. 质性研究入门: 扎根理论研究方法[M]. 台湾: 涛石文化事业有限公司, 2001.

[3] (以)科恩著. 巫宁, 马聪玲, 陈立平译. 旅游社会学纵论[M]. 天津: 南开大学出版社, 2007.

[4] (英)戴伦, 斯蒂芬著. 程尽能译. 遗产旅游[M]. 北京: 旅游教育出版社, 2007.

[5] (英)戴伦著. 孙业红等译. 文化遗产与旅游[M]. 北京: 中国旅游出版社, 2014.

[6] Anderson, J. C., Gerbing, D. W. Structural equation modeling in practice: A review and recommended two-step approach[J]. Psychological Bulletin, 1988, 103(3): 411-423.

[7] Andriotis, K. Genres of heritage authenticity: Denotations from a pilgrimage landscape[J]. Annals of Tourism Research, 2011, 38(4): 1613-1633.

[8] Babbie, E. R. The Practice of Social Research(10th ed)[M]. Wadsworth: Wadsworth Publishing, 2004.

[9] Bagozzi, R. P., Yi, Y. Specification, evaluation, and interpretation of structural equation models[J]. Journal of the Academy of Marketing Science, 2012, 40(1): 8-34.

[10] Baudrillard, J. Simulatons[M]. New York: Semiotext, 1983.

[11] Belhassen, Y., Caton, K. Authenticity matters[J]. Annals of Tourism Research, 2006, 33(3): 853-856.

[12] Belhassen, Y., Caton, K., Stewart, W. P. The search for authenticity in the pilgrim experience[J]. Annals of Tourism Research, 2008, 35(3): 668-689.

[13] Beng, T. H. Tropical Resorts[M]. Singapore: Page One Publishing, 1995.

[14] Bollen, K. A., Stine, L. J. Testing Structural Equation Models[M]. Newbury Park: Sage, 1993.

[15] Boorstin, D. J. The Image: A Guide to Pseudo-events in American Society[M]. New York: Harper & Row, 1964.

[16] Brown, T. A. Confirmatory Factor Analysis for Applied Research[M]. New York: Guilford, 2006.

[17] Bruner, E. M. Abraham Lincoln as authentic reproduction [J]. American Anthropologist, 1994, 96(2): 397-415.

[18] Bruner, E. M. Tousism, creativity, and authenticity [J]. Studies in Symbolic Interaction, 1989, (10): 109-114.

[19] Bryce, D., Curran, R., O'Gorman, K., Taheri, B. Visitors' engagement and authenticity: Japanese heritage consumption [J]. Tourism Management, 2015, 46: 571-581.

[20] Buchmann, A., Moore, K., Fisher, D. Experiencing film tourism: Authenticity & fellowship [J]. Annals of Tourism Research, 2010, 37(1): 229-248.

[21] Burr, V. An Introduction to Social Constructionism [M]. New York: Routledge, 1995.

[22] Chhabra, D. Authenticity of the objectively authentic [J]. Annals of Tourism Research, 2012, 39(1): 480-502.

[23] Chhabra, D. Back to the past: A sub-segment of generation Y's perceptions of authenticity [J]. Journal of Sustainable Tourism, 2010, 18(6): 793-809.

[24] Chhabra, D. Defining authenticity and its determinants: Toward an authenticity flow model [J]. Journal of Travel Research, 2005, 44: 64-73.

[25] Chhabra, D., Healy, R., Sills, E. Staged Authenticity and Heritage Tourism [J]. Annals of Tourism Research, 2003, 30(3): 702-719.

[26] Chin, W. W. Issues and opinion on structural equation modeling [J]. MIS Quarterly, 1998, 22(1): 7-16.

[27] Claeys, C., Swinnen, A., Vanden, A. P. Consumer's means-end chains for "think" and "feel" products [J]. International Journal of Research in Marketing, 1995, (12): 193-208.

[28] Cohen, E. Authenticity and commoditization in tourism [J]. Annals of Tourism Research, 1988, 15(3): 371-386.

[29] Cohen, E. Rethinking the Sociology of Tourism [J]. Annals of Tourism Research, 1979, 6(1): 18-35.

[30] Cole, S. Beyond authenticity and commodification [J]. Annals of Tourism Research, 2007, 34(4): 943-960.

[31] Cornet, J. African art and authenticity [J]. African Art, 1975, 9(1): 52-55.

[32] Croes, R., Lee, S. H., Olson, E. D. Authenticity in tourism in small island destinations: a local perspective [J]. Journal of Tourism and Cultural Change, 2013, 11(1-2): 1-20.

[33] Culler, J. Semiotics of tourism [J]. The American Journal of Semiotics, 1981, 1: 127-140.

[34] Daniel, Y. P. Tourism dance performances authenticity and creativity [J]. Annals

of Tourism Research, 1996, 23(4): 780-797.

[35] Di Domenico, M., Miller, G. Farming and tourism enterprise: experiential authenticity in the diversification of independent small-scale family farming [J]. Tourism Management, 2012, 33(2): 285-294.

[36] Eco, U. Travels in Hyperreality [M]. London: Picador, 1986.

[37] Fornell, C., Larcker, D. F. Evaluating structural equation models with unobservable variables and measurement error [J]. Journal of Marketing Research, 1981, 18(1): 39-50.

[38] Gilmore, J. H., Pine II, B. J. Authenticity: What Consumers Really Want [M]. Boston: Harvard Business School Press, 2007.

[39] Goffman, E. The Presentation of Self in Everyday Life [M]. New York: Doubleday, 1959.

[40] Graeme, W. Digital heritage in a Melanesian context: authenticity, integrity and ancestrality from the other side of the digital divide [J]. International Journal of Heritage Studies, 2014, (4): 1-15.

[41] Graham, B. J., Ashworth, G. J., Tunbridge, J. E. A Geography of Heritage: Power, Culture and Economy [M]. London: Oxford University Press, 2000.

[42] Grayson, K., Martinec, R. Consumer perceptions of iconicity and indexicality and their influence on assessments of authentic market offerings [J]. Journal of Consumer Research, 2004, 31(2): 296-312.

[43] Gregory, J. Reconsidering relocated buildings: ICOMOS, authenticity and mass relocation [J]. International Journal of Heritage Studies, 2008, 14(2): 112-130.

[44] Gutman, J. Means-end chains as goal hierarchies [J]. Psychology & Marketing, 1997, 14: 545-560.

[45] Hair, J. F., Black, W. C., Babin, B. J., Anderson, R. E. Multivariate Data Analysis(7th ed.) [M]. Englewood Cliffs, New Jersey: Prentice Hall, 2009.

[46] Handler, R., Saxton, W. Dissimulation: reflexity, narrative, and the quest for authenticity in "living history" [J]. Cultural Anthropology, 1988, (3): 242-260.

[47] Hooper, D., Coughlan, J., Mullen, M. R. Structural equation modeling: Guidelines for determining model fit [J]. The Electronic Journal of Business Research Methods, 2008, 6(1): 53-60.

[48] Hughes, G. Authenticity in tourism [J]. Annals of Tourism Research, 1995, 22(4): 781-803.

[49] Iacobucci, D. Structural equations modeling: Fit indices, sample size, and advanced topics [J]. Journal of Consumer Psychology, 2010, 20(1): 90-98.

[50] ICOMOS. International Charter for the Conservation and Restoration of Monuments and Sites: The Venice Charter [Z]. 2nd International Congress of

Architects and Technicians of Historic Monuments, Venice, 1964.

[51] ICOMOS. International Cultural Tourism Charter [Z]. 1999.

[52] Johanne, D., Karina, M. S. Heritage authenticities: A case study of authenticity perceptions at a Danish heritage site [J] Journal of Heritage Tourism, 2014, 9(4): 1-15.

[53] Kim, H., Jamal, T. Touristic quest for existential authenticity [J]. Annals of Tourism Research, 2007, 34(1): 181-207.

[54] Kline, R. B. Principles and practice of structural equation modeling (2nd ed.) [M]. New York: Guilford, 2005.

[55] Knudsen, B. T., Waade, A. M. Re-Investing Authenticity Tourism, Place and Emotions [M]. Bristol: Channel View Publications, 2010.

[56] Kolar, T., Zabkar, V. A consumer-based model of authenticity: An oxymoron or the foundation of cultural heritage marketing? [J]. Tourism Management, 2010, 31(5): 652-664.

[57] Kuhn, T. S. The Structure of Scientific Revolutions [M]. Chicago: University Of Chicago Press, 1996.

[58] Lau, R. Revistiting authenticity: A social realist approach [J]. Annals of Tourism Research, 2010, 37(2): 478-498.

[59] Loehlin, J. C. Latent Variable Models: An Introduction to Factor, Path, and Structural Analysis(4th ed.) [M]. Hillsdale, NJ: Lawrence Erlbaum, 1992.

[60] Lowenthal, D. Past time, present place, landscape and memory [J]. Geographical Review, 1975, 65 (1): 1-36.

[61] MacCannel, D. The Tourist: A New Theory of the Leisure Class [M]. NewYork: University of California Press, 1976.

[62] MacCannell, D. Staged authenticity: Arrangements of social space in tourist settings [J]. American Journal of Sociology, 1973, 79(3): 589-603.

[63] Martin, K. Living pasts contested tourism authenticities [J]. Annals of Tourism Research, 2010, 37(2): 537-554.

[64] McGuire, R. H. Memory work: Archaeologies of material practices [J]. Journal of Anthropological Research, 2010, 66(1): 157-158.

[65] McIntosh, A. J., Johnson, H. Exploring the nature of the Maori experience in New Zealand: views from hosts and tourists [J]. Tourism (Zagreb), 2004, 52(2): 117-129.

[66] McIntosh, A. J., Prentice, R. C. Affirming authenticity consuming cultural heritage [J]. Annals of Tourism Research, 1999, 26(3): 589-612.

[67] Mkono, M. Authenticity does matter [J]. Annals of Tourism Research, 2012, 39(1): 480-483.

[68] Moscardo, G. M., Pearce, P. L. Historic theme parks: An australian experience in authenticity [J]. Annals of Tourism Research, 1986, 13(3): 467-479.

[69] Olsen, K. Authenticity as a concept in tourism research: The social organization of the experience of authenticity [J]. Tourist Studies, 2002, 2(2): 159-182.

[70] Pendlebury, J., Short, M., While, A. Urban World Heritage Sites and the problem of authenticity [J]. Cities, 2009, 26(6): 349-358.

[71] Peters, M., Siller, L., Matzler, K. The resource-based and the market-based approaches to cultural tourism in alpine destinations [J]. Journalof Sustainable Tourism, 2011, 19(7): 877-893.

[72] Ramkissoon, H ., Uysal, M. S. Cultural behavioural intentions of tourists [J]. Current Issues in Tourism, 2011, 14(6): 537-562.

[73] Reisinger, Y., Steiner, G. J. Reconceptualizing object authenticity [J]. Annals of Tourism Research, 2006, 33(1): 65-86.

[74] Reynolds, T. J., Gutman, J. Laddering theory method, analysis, and interpretation [J]. Journal of Advertising Research, 1998, 28: 11-31.

[75] Rickly-Boyd, J. M. Authenticity and aura: A Benjaminian approach to tourism [J]. Annals of Tourism Research, 2012, 39(1): 269-289.

[76] Salamone, F. Authenticity in tourism: The San Angel inns [J]. Annals of Tourism Research, 1997, 24(2): 305-321.

[77] Sedmak, G., Mihalic, T. Authenticity in mature seaside resorts [J]. Annals of Tourism Research, 2008, 35(4): 1007-1031.

[78] Selwyn, T. The Tourist Image: Myths and Myth Making in Tourism [M]. Chichester: Wiley, 1996.

[79] Sharpley, R. Tourism, Tourists and Society [M]. Huntingdon, Cambridgeshire: ELM, 1994.

[80] Silver, I. Marketing authenticity in third world countries [J]. Annals of Tourism Research, 1993, 20: 302-318.

[81] Small, J., Harris, C., Wilson, E., Ateljevic, I. Voices of women: A memory-work reflection on work-life dis/harmony in tourism academia [J]. Journal of Hospitality Leisure Sport & Tourism Education, 2011, 10(1): 23-36.

[82] Smith, V. L. Hosts and Guests: The Anthropology of Tourism [M]. Philadelphia: University of Pennsylvania Press, 1977.

[83] Steiner, C. J., Reisinger, Y. Understanding existential authenticity [J]. Annals of Tourism Research, 2006, 33(2): 299-318.

[84] The Paris Declaration on heritage as a driver of development. http: //www. icomos. org/en/about-icomos/image-menu-about-icomos/173-governance/general-assembly.

[85] Thompson, B. Exploratory and Confirmatory Factor Analysis: Understanding Concepts and Applications [M]. Washington DC: American Psychological Association, 2004.

[86] Timothy, D. J. Tourism and the personal heritage experience [J]. Annals of Tourism Research, 1997, 24: 751-754.

[87] Trilling, L. Sincerity and Authenticity [M]. London: Oxford University Press, 1972.

[88] UNESCO World Heritage Centre. Operational Guideline for the Implementation of the World Heritage Convention [R]. UNESCO World Heritage Centre, 2005.

[89] UNESCO, ICCROM, ICOMOS. The Nara Conference. The Nara Document on Authenticity [R]. Nara: Government of Japan, 1994.

[90] Urry, J. The Tourist Gaze [M]. London: Sage Publications, 1990.

[91] Waitt, G. Consuming heritage perceived historical authenticity [J]. Annals of Tourism Research, 2000, 27(4): 835-862.

[92] Waller, J. Seeking The real Spain? Authenticity in motivation [J]. Annals of Tourism Research, 1998, 25(4): 110-129.

[93] Wang, N. Rethinking Authenticity In Tourism Experience [J]. Annals of Tourism Research, 1999, 26(2): 349-370.

[94] Wang, Y. Customized Authenticity Begins at Home [J]. Annals of Tourism Research, 2007, 34(3): 789-804.

[95] Xie, P., Wall, G. Visitors' perceptions of authenticity at cultural attractions in Hainan, China [J]. International Journal of Tourism Research, 2002, (4): 353-366.

[96] Yin, R. K. Application of Case Study Research [M]. Newbury Park: Sage Publication, 2003.

[97] Zaltman, G. Rethinking market research: Putting people back in [J]. Journal of Marketing Research, 1997, 34: 424-437.

[98] Zaltman, G., Coulter, R. H. Seeing the voice of customer: Metaphor-based advertising research [J]. Journal of Advertising Research, 1995, 35(4): 35-51.

[99] Zhou, Q., Zhang, J., Johan, R. E. Rethinking traditional Chinese culture: A consumer-based model regarding the authenticity of Chinese calligraphic landscape [J]. Tourism Management, 2013, 36(1): 99-112.

[100] Zhu Y. Peforming heritage: rethinking authenticity in tourism [J]. Annals of Tourism Research, 2012, 39(3): 1495-1513.

[101] 艾佩, 梁留科. 基于体验经济理论的文化遗产旅游研究 [J]. 许昌学院学报, 2007, (5): 122-125.

[102] 保继刚, 苏晓波. 历史城镇的旅游商业化研究 [J]. 地理学报, 2004,

(3): 427-436.

[103] 陈飞. 上海南翔老街风貌复兴的实践探索[A]. 城市时代协同规划——2013中国城市规划年会论文集（03-城市总体规划）[C]. 中国城市规划学会年会, 2013.

[104] 陈岗. 旅游吸引物符号的双层表意结构与体验真实性研究[J]. 人文地理, 2012, （2）: 50-55.

[105] 陈建国. 认识真实性的三个层次[J]. 江西师范大学学报（哲学社会科学版）, 1986, （2）: 95-96.

[106] 陈建平. 南翔民间故事[M]. 上海: 上海文化出版社, 2008.

[107] 陈丽坤. "范式争鸣"在旅游研究中的应用——以"本真性"旅游研究为例[J]. 旅游学刊, 2013, 28（1）: 30-38.

[108] 陈享尔, 蔡建明. 旅游客体真实性与主体真实性集合式关系探讨——以文化遗产故宫为例[J]. 人文地理, 2012, （4）: 153-160.

[109] 陈兴. "虚拟真实"原则指导下的旅游体验塑造研究[J]. 旅游学刊, 2010, 25（11）: 13-19.

[110] 陈勇. 遗产旅游与遗产原真性——概念分析与理论引介[J]. 桂林旅游高等专科学校学报, 2005, 16（4）: 21-24.

[111] 褚琦. 成都洛带民俗旅游资源的原真性开发策略研究[D]. 西南交通大学硕士论文, 2008.

[112] 丛桂芹. 价值建构与阐释——基于传播理念的文化遗产保护[D]. 清华大学博士论文, 2013.

[113] 戴永明. 基于游客感知的古村落真实性研究——以西递和宏村为例[D]. 浙江大学硕士论文, 2012.

[114] 邓永成. 基于消费者心理的商品真实性研究[M]. 上海: 上海财经大学出版社, 2011.

[115] 董培海. 旅游中真实性研究的回顾与展望[J]. 旅游研究, 2011, （3）: 62-70.

[116] 冯淑华, 沙润. 游客对古村落旅游的"真实感——满意度"测评模型初探[J]. 人文地理, 2007, 22（6）: 85-89.

[117] 高燕, 凌常荣. 旅游者对黑衣壮民族文化的真实性感知差异与满意度[J]. 旅游学刊, 2007, 22（11）: 78-84.

[118] 高燕, 郑焱. 凤凰古城景观真实性感知比较研究——基于居民和旅游者视角[J]. 旅游学刊, 2010, （12）: 44-52.

[119] 郭璇. 文化遗产展示的理念与方法初探[J]. 建筑学报, 2009, （9）: 69-73.

[120] 胡旺盛, 谭晓琳, 潘理权. 古镇旅游真实性感知对游客行为意向影响研究——以安徽三河古镇为例[J]. 财贸研究, 2014, （6）: 138-144.

[121] 黄明玉. 文化遗产的价值评估及记录建档 [D]. 复旦大学博士论文, 2009.

[122] 慧禅. 云翔寺志 [M]. 上海: 上海人民出版社, 2009.

[123] 李流芳（明）. 檀园集 [M]. 上海: 上海文化出版社, 2013.

[124] 李旭东, 张金岭. 西方旅游研究中的"真实性"理论 [J]. 北京第二外国语学院学报, 2005, (1): 1-6.

[125] 廖仁静, 李倩, 张捷等. 都市历史街区真实性的游憩者感知研究——以南京夫子庙为例 [J]. 旅游学刊, 2009, (1): 55-60.

[126] 林龙飞, 黄光辉, 王艳. 基于因子分析的民族文化旅游产品真实性评价体系研究 [J]. 人文地理, 2010, 25 (1): 39-43.

[127] 林涛, 胡佳凌. 工业遗产原真性游客感知的调查研究: 上海案例 [J]. 人文地理, 2013, 28 (4): 114-119.

[128] 林源, 孟玉. 《华盛顿宪章》的终结与新生——关于历史城市、城镇和城区的维护与管理的瓦莱塔原则解读 [J]. 城市规划, 2016, 40 (3): 46-50.

[129] 刘易斯·布雷恩韦特, 赵中枢. 英国历史名城的评定标准与特征 [J]. 国外城市规划, 1992, (2): 13-19.

[130] 卢天玲. 社区居民对九寨沟民族歌舞表演的真实性认知 [J]. 旅游学刊, 2007, 22 (10): 89-94.

[131] 卢永毅. 历史保护与原真性的困惑 [J]. 同济大学学报（社会科学版）, 2006, (5): 24-29.

[132] 陆地. 对原真性的另一种解读——《圣安东尼奥宣言》译介 [J]. 建筑师, 2009, (2): 47-52.

[133] 陆地. 关于历史城镇和城区维护与管理的瓦莱塔原则（ICOMOS 第17届全体大会 2011年11月28日通过）[J]. 建筑遗产, 2017, (3): 104-111.

[134] 吕舟. 《威尼斯宪章》的真实性精神 [J]. 中国文物科学研究, 2014, (2): 18-20.

[135] 吕舟. 再谈文化遗产保护的真实性问题 [J]. 世界建筑, 2015, (4): 20-21.

[136] 马凌. 本真性理论在旅游研究中的应用 [J]. 旅游学刊, 2007, 22 (10): 76-81.

[137] 马凌. 旅游社会科学中的建构主义范式 [J]. 旅游学刊, 2011, 26 (1): 31-37.

[138] 潘海颖. 旅游体验审美精神论 [J]. 旅游学刊, 2012, 27 (5): 88-93.

[139] 阮仪三, 林林. 文化遗产保护的原真性原则 [J]. 同济大学学报（社会科学版）, 2003, (2): 1-5.

[140] 阮仪三, 袁菲. 再论江南水乡古镇的保护与合理发展 [J]. 城市规划学刊, 2011, (5): 95-101.

[141] 阮仪三. 古城笔记[M]. 上海：同济大学出版社，2013.

[142] 阮仪三. 江南水乡古镇：甪直[M]. 杭州：浙江摄影出版社，2004.

[143] 阮仪三. 历史环境保护的理论与实践[M]. 上海：上海科学技术出版社，2000.

[144] 邵甬. 法国建筑城市景观遗产保护与价值重现[M]. 上海：同济大学出版社，2010.

[145] 释敏膺（清）. 香域集[M]. 上海：上海科学技术文献出版社，2012.

[146] 宋秋. 旅游真实性问题之实证研究[J]. 广西民族研究，2012,（3）：182-187.

[147] 苏晓波. 商业化、地方性和城市遗产旅游[J]. 旅游学刊，2013，28（4）：8-9.

[148] 汤强，刘怡. 述行性展示空间的初探[J]. 商业现代化，2010,（19）：54-55.

[149] 陶亮. 土遗址展示方式的初步探讨[D]. 西北大学硕士论文，2008.

[150] 陶伟，杜小芳，洪艳. 解说：一种重要的遗产保护策略[J]. 旅游学刊，2009，24（8）：47-52.

[151] 田美蓉. 游客对歌舞旅游产品真实性评判研究——以西双版纳傣族歌舞为例[J]. 桂林旅游高等专科学校学报，2005，16（1）：14-16.

[152] 王彬汕. 民族地区旅游小城镇规划中的"真实性"理论述评[J]. 中国园林，2010,（4）：98-101.

[153] 王景慧. "真实性"和"原真性"[J]. 城市规划，2009,（11）：87.

[154] 王宁，刘丹萍，马凌. 旅游社会学[M]. 天津：南开大学出版社，2008.

[155] 王宁. 旅游中的互动本真性：好客旅游研究[J]. 广西民族大学学报（哲学社会科学版），2007，29（6）：18-24.

[156] 王艳平. 温泉旅游真实性研究[J]. 旅游学刊，2006，21（1）：59-63.

[157] 韦玮. 浅析古镇旅游真实性感知与游客满意的关系——以上海青浦朱家角古镇为例[J]. 旅游纵览（下半月），2014,（3）：136-137.

[158] 魏雷，钱俊希，朱竑. 谁的真实性？——泸沽湖的旅游凝视与本土认同[J]. 旅游学刊，2015，30（8）：66-76.

[159] 吴必虎，高向平，邓冰. 国内外环境解说研究综述[J]. 地理科学进展，2003，22（3）：326-334.

[160] 吴承照，王婧. 游客真实性感知与文化遗产资源持续利用策略研究[J]. 城市规划学刊，2012,（4）：98-104.

[161] 吴承照. 历史城镇发展的文化经济分析——以平遥古城为例[J]. 同济大学学报（社会科学版），2003，14（3）：28-32.

[162] 吴承照. 中国旅游规划30年回顾与展望[J]. 旅游学刊，2009，24（1）：13-18.

[163] 吴明隆. 结构方程模型——AMOS 的操作与应用（第二版）[M]. 重庆: 重庆大学出版社, 2010.

[164] 吴晓隽. 文化遗产旅游的真实性困境研究[J]. 思想战线, 2004, 30 (2): 82-87.

[165] 吴忠才. 旅游活动中文化的真实性与表演性研究[J]. 旅游科学, 2002, (2): 15-18.

[166] 夏健, 王勇, 李广斌. 回归生活世界——历史街区生活真实性问题的探讨 [J]. 城市规划学刊, 2008, (4): 99-103.

[167] 夏健, 王勇. 从重置到重生: 居住性历史文化街区生活真实性的保护[J]. 城市发展研究, 2010, (2): 134-139.

[168] 肖竞, 李和平, 曹珂. 历史城镇"景观-文化"构成关系与作用机制研究 [J]. 城市规划, 2016, 40 (12): 81-90.

[169] 谢彦君, 陈焕炯, 潘莉等. 东北地区乡村旅游中典型元素的识别与分析——基于ZMET（隐喻抽取技术）进行的质性研究[J]. 北京第二外国语学院学报, 2009, (1): 41-46.

[170] 谢彦君等. 旅游体验研究——走向实证科学[M]. 北京: 中国旅游出版社, 2010.

[171] 熊侠仙, 张松, 周俭. 江南古镇旅游开发的问题与对策——对周庄、同里、甪直旅游状况的调查分析[J]. 城市规划汇刊, 2002, (6): 61-63+80.

[172] 徐嵩龄. 遗产原真性-旅游者价值观偏好-遗产旅游原真性[J]. 旅游学刊, 2008, 23 (4): 35-42.

[173] 徐桐.《奈良真实性文件》20 年的保护实践回顾与总结——《奈良+20》声明性文件译介[J]. 世界建筑, 2014, (12): 106-107.

[174] 徐伟, 王新新. 旅游真实性感知及其与游客满意、行为意向的关系——以古村落旅游为例[J]. 经济管理, 2011, (4): 111-117.

[175] 严国泰. 历史城镇旅游规划理论与实务[M]. 北京: 中国旅游出版社, 2005.

[176] 严国泰. 论历史文化名城旅游规划系统方法[J]. 同济大学学报（社会科学版）, 2002, (6): 16-20.

[177] 严菊明, 严健明. 名人与南翔[M]. 上海: 上海文化出版社, 2009.

[178] 严菊明, 严健明. 南翔小笼[M]. 上海: 上海人民出版社, 2009.

[179] 杨丽丹. 基于真实性的古城镇解说系统的构建与优化[J]. 中国科技信息, 2011, (1): 227-230.

[180] 杨振之, 胡海霞. 关于旅游真实性问题的批判[J]. 旅游学刊, 2011, 26 (12): 78-83.

[181] 殷帆, 刘鲁, 汪芳. 历史地段保护和更新的原真性研究[J]. 国际城市规划, 2010, 25 (3): 76-80.

[182] 余向洋, 朱国兴, 邱慧. 旅游者体验及其研究方法述评 [J]. 旅游学刊, 2006, (10): 91-96.

[183] 瞿俊. 不以审美表象为主导的师法自然——行使功能的景观 [J]. 中国园林, 2010, (12): 36-40.

[184] 张补宏, 徐施. 民族旅游真实性研究及保护模式探讨 [J]. 地理与地理信息科学, 2010, 26 (3): 105-108.

[185] 张朝枝, 马凌, 王晓晓, 于德珍. 符号化的"原真"与遗产地商业化——基于乌镇、周庄的案例研究 [J]. 旅游科学, 2008, 22 (5): 59-66.

[186] 张成渝. 遗产解说与展示：对《艾兰姆宪章》的释读 [J]. 同济大学学报 (社会科学版), 2012, 23 (3): 31-41.

[187] 张成渝. "真实性"和"原真性"辨析 [J]. 建筑学报, 2010, S2: 55-59.

[188] 张承先 (清). 南翔镇志 [M]. 上海：上海古籍出版社, 2003.

[189] 张军. 对民俗旅游文化本真性的多维度思考 [J]. 旅游学刊, 2005, 20 (5): 38-42.

[190] 张松. 历史城市保护学导论：文化遗产和历史环境保护的一种整体性方法 [M]. 上海：同济大学出版社, 2008.

[191] 张松. 城市文化遗产保护国际宪章与国内法规选编 [M]. 上海：同济大学出版社, 2007.

[192] 张文萍. 重庆古镇旅游真实性居民感知实证研究 [J]. 现代商贸工业, 2014, (9): 39-40.

[193] 张晓萍. 西方旅游人类学中的舞台真实理论 [J]. 思想战线, 2003, 29 (4): 66-69.

[194] 赵红梅. 旅游研究中的"真实性"：纷争之后 [J]. 广西民族研究, 2013, (1): 173-181.

[195] 钟国庆. 旅游体验真实性规律与景区经营管理问题 [J]. 桂林旅游高等专科学校学报, 2004, 15 (4): 40-43.

[196] 周霖, 吴卫新. 浅谈传统聚落"原真性"本质与价值主体——以大研古城与束河古镇对比为例 [J]. 建筑师, 2010, (4): 57-62.

[197] 周亚庆, 吴茂英, 周永广, 竺燕红. 旅游研究中的"真实性"理论及其比较 [J]. 旅游学刊, 2007, 22 (6): 42-47.

[198] 周永广, 粟丽娟. 文化实践中非物质文化遗产的真实性：径山茶宴的再发明 [J]. 旅游学刊, 2014, 29 (7): 23-30.

[199] 朱抡英 (清), 鞠国栋. 三槎风雅 [M]. 上海：上海文化出版社, 2008.

[200] 邹统钎, 吴丽云. 旅游体验的本质、类型与塑造原则 [J]. 旅游科学, 2003, (4): 7-11.

图索引

图号	标题	页码
图1-1	总体研究框架	9
图1-2	居民真实性感知测度技术路线图	10
图1-3	游客真实性感知测度技术路线图	10
图2-1	上海南翔古镇景观风貌	21
图2-2	不同层面真实性结构图	28
图2-3	真实性感知理论体系框架图	29
图2-4	真实性感知研究范式与方法关系图	38
图3-1	手段-目标链理论层级构成图	44
图3-2	上海南翔镇主要历史资源分布图	49
图3-3	居民受访者概念一致性趋势图	51
图3-4	居民真实性感知共识地图	59
图3-5	居民真实性感知维度及影响关系图	62
图4-1	真实性感知作为自变量的模型一	66
图4-2	真实性感知作为自变量的模型二	67
图4-3	真实性感知作为因变量的模型	67
图4-4	真实性感知作为中介变量的模型一	68
图4-5	真实性感知作为中介变量的模型二	68
图4-6	真实性感知作为中介变量的模型三	68
图4-7	游客真实性感知概念模型	71
图4-8	客观真实性验证性因子分析图一	76
图4-9	客观真实性验证性因子分析图二	77
图4-10	述行真实性验证性因子分析图一	77
图4-11	述行真实性验证性因子分析图二	78
图4-12	存在真实性验证性因子分析图一	78
图4-13	存在真实性验证性因子分析图二	79
图4-14	游客真实性感知最终模型	83
图5-1	居民-游客互动真实性感知发生机制	91
图5-2	真实/虚假矩阵图	94
图5-3	客观真实性的呈现方式	96
图5-4	发展真实性的呈现方式	97
图5-5	述行真实性的呈现方式	98
图5-6	存在真实性的呈现方式	100
图6-1	真实性感知与历史城镇保护利用	102
图6-2	南翔报济桥（香花桥）整治前	105
图6-3	南翔报济桥（香花桥）整治后	105
图6-4	南翔横沥河整治前	106
图6-5	南翔横沥河整治后	106
图6-6	南翔走马塘整治前	106
图6-7	南翔走马塘整治后	106
图6-8	南翔古镇的双塔	107
图6-9	南翔人民街整治前	108
图6-10	南翔人民街整治后	108
图6-11	南翔的传统百年老店	108
图6-12	南翔古镇传统肌理的再生	109
图6-13	南翔镇云翔寺	111
图6-14	南翔共和街西侧院落整治前	112
图6-15	南翔共和街西侧院落整治后	112
图6-16	南翔檀园的重建	112
图6-17	南翔梅墅空间的再利用	113
图6-18	南翔公馆	114
图6-19	文化的层级关系图	117
图6-20	南翔历史文化陈列馆	118
图6-21	南翔小笼文化节	119
图6-22	南翔的老字号商业	119
图6-23	南翔竹文化节	121
图6-24	阐释与展示关系图	125
图6-25	南翔镇志及嘉庆年间镇图	126
图6-26	简介册、解说词等信息重构方式	127

图6-27 舞剧、影视等信息再生方式　　128　　图6-29 信息阐释与展示的METT四维结构
图6-28 信息媒介内容和方式关系图　　128　　　　　　　　　　　　　　　　　　129

表索引

表1-1	采用的研究方法一览表	8
表2-1	国际历史城镇保护思想的演变	17
表2-2	国内历史城镇保护思想的变化	19
表2-3	旅游中3种体验的真实性	26
表2-4	真实性感知量化研究方法及研究问题	35
表2-5	真实性感知质性研究方法及研究问题	36
表3-1	居民受访者基本资料一览表	47
表3-2	居民受访者讲述影像主题汇总表	49
表3-3	真实性感知客体分类表	50
表3-4	受访者A真实性感知影像、构念及分类	51
表3-5	受访者B真实性感知影像、构念及分类	52
表3-6	受访者C真实性感知影像、构念及分类	53
表3-7	受访者D真实性感知影像、构念及分类	54
表3-8	受访者E真实性感知影像、构念及分类	55
表3-9	受访者F真实性感知影像、构念及分类	56
表3-10	受访者G真实性感知影像、构念及分类	56
表3-11	居民真实性感知构念类型	58
表3-12	居民受访者构念频次	58
表3-13	居民真实性感知构成机制	61
表4-1	游客真实性感知测量模型相关因素表	69
表4-2	游客真实性感知3个构面的含义	71
表4-3	游客真实性感知指标因子回顾	72
表4-4	游客真实性感知观察变量指示性指标	73
表4-5	游客受访者人口统计学特征表	75
表4-6	游客真实性感知测量模型信度与效度	80
表4-7	游客真实性感知测量模型适配指标	81
表4-8	游客真实性感知模型判别效度矩阵	82
表4-9	游客真实性感知模型假设检验	82
表5-1	真实性的悖论	92
表5-2	基于真实性的4种情境	94
表5-3	客观真实性的呈现	96
表5-4	发展真实性的呈现	97
表5-5	述行真实性的呈现	98
表5-6	存在真实性的呈现	99
表5-7	真实性感知的构成维度与呈现方式	100
表6-1	真实性感知的层次、对象及空间规划策略	104
表6-2	基于真实性感知的空间修复策略	107
表6-3	基于真实性感知的空间重修策略	110
表6-4	基于文化体验的活动事件策划类型	117
表6-5	认识真实性的3个层次的比较	124
表6-6	基于真实性感知的信息阐释与展示策略	126
表6-7	真实性感知与保护利用策略	135